O PODER DOS ANJOS

Agradecimentos

Ousadamente, acredito que a coleção **O Poder do Poder** é um momento novo na indústria do livro. Um novo conceito de "construir e escrever" livros está nascendo — o livro-clipping.

Este sonho empresarial foi e é um desafio no jogo da vida. Aliás, este jogo — descobri — não é um jogo *ganha-perde* ou *perde-ganha*, é um jogo *ganha-ganha*. Todos ganham, culturalmente. Do autor ao leitor.

Quando começo a pensar nos difíceis estágios por que passou este projeto, não posso deixar de lembrar a importante colaboração que recebi de várias pessoas, sem as quais não seria possível a sua realização material.

Com orgulho literário, agradeço a todas essas pessoas, físicas e jurídicas — pesquisadores, programadores, jornalistas, escritores, advogados, empresários, diretores de editoras, de gráficas, de jornais e TVs — o apoio direto ou indireto que ofereceram à realização deste trabalho. Sem a solidariedade, profissional e humana, desses amáveis colegas de trabalho, este projeto editorial jamais teria sido possível.

A todos, minha infinita gratidão.

O Editor

Coleção
O PODER DO PODER

O PODER DOS ANJOS

Quem ou o que são os Anjos?
O que é o Oráculo dos Anjos?
Estas respostas estão neste livro.
Saiba como entrar em contacto com o seu Anjo da Guarda.
Os Anjos velam por nós.

Você tem o poder de mudar a sua vida

11

LIVRO | MARTIN CLARET | CLIPPING

Coleção
O PODER DO PODER

Idealização e Realização
Martin Claret

Pesquisa e Organização
Manville Avalon

Projeto Gráfico
José Duarte Teixeira de Castro

Digitação
Celina V. Marques

Revisão
Marcos D. Agathão

Editoração Eletrônica
Bypress Comunicação

Direção de Arte
José Duarte Teixeira de Castro

Fotolito das Fotos
Grisé

Fotolitos em Editoração Eletrônica
Vox Editora

Papel
Off-set/ 87 x 114 x 90g

Impressão e Acabamento

CROMOSET
GRÁFICA E EDITORA LTDA.

Editora Martin Claret Ltda. - Rua Alegrete, 62
Bairro Sumaré - CEP 01254-010 - Tel.:(011) 262-8144
Fax: (011) 263-7146 - São Paulo - SP

Qualquer informação complementar sobre a Coleção
O Poder do Poder telefonar para (011) 262-8144

LIVRO | MARTIN CLARET | CLIPPING

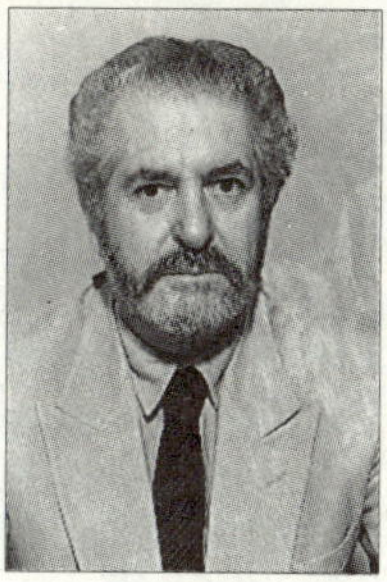

O Livro Vivo

MARTIN CLARET

O poder da informação

O homem é um animal neurolingüístico. Ele cria sua realidade a partir do pensamento e da palavra. Sua potencialidade é quase infinita. O conhecimento de si mesmo é a sua meta suprema.

Essa escalada do homem é uma imensa epopéia cósmica, e neste contexto cada criatura é um herói. Mas o início dessa escalada cultural foi terrivelmente difícil.

Vivemos, hoje, na "idade da informática". Não mais fazemos parte de uma cultura coletora, agrícola ou industrial, mas de uma cultura da informação. Vivemos numa época de profundas mudanças. Novas idéias e novos movimentos mudam o mundo quase que diariamente. Essas mudanças vêm a nós através de livros, jornais, cinema, teatro, filmes, *chips* de computador, etc. Nesta nova sociedade, quem tiver mais informações, tem maior poder. John Galbraith, o iluminado autor de *A Era da Incerteza*, proclamou: "Dinheiro é o combustível da sociedade industrial. Mas na sociedade da informática o combustível, o poder, é o conhecimento. Vê-se agora a estrutura de uma nova classe dividida entre aqueles que têm informação e os que devem atuar na ignorância. Esta nova classe não tem poder no dinheiro, ou na terra, mas no conhecimento."

Hoje, essa chave do poder do conhecimento é acessível à maioria dos seres humanos.

Definição de poder

Poder.

Nada exerce mais atração sobre os seres humanos do que essa palavra mágica. Nenhuma paixão é mais duradoura, nenhuma companhia mais constante. O poder é uma das mais legítimas emoções humanas. Sua motivação são os resultados. Agir para ser mais.

Poder é uma palavra incrivelmente emocional. Diante dela são infinitas nossas reações. Cada um tem um conceito pessoal da palavra poder. Para muitas pessoas ela tem uma conotação negativa. Outras, explícita ou secretamente, cobiçam o poder. Os mais ortodoxos suspeitam do poder. Cada um tem uma definição própria para o vocábulo poder.

Como uma cultura, nós temos sido ambivalentes a respeito do poder. Não obstante, poder — que deriva do latim *potere*, "ser capaz" — é energia. Sem poder não há ação ou movimento. Poder é um assunto central da transformação do ser humano.

Eu proclamo o Poder Correto — o poder usado não como instrumento negativo ou para glorificar o ego, mas a serviço da Vida. O poder como um ato de sabedoria e não como um instrumento para manipular pessoas. Poder compartilhado, e não o poder imposto.

Poder é a capacidade e habilidade de mudar nossas vidas. É a habilidade de definir as necessidades humanas e resolvê-las. Poder é energia.

O amor ao poder

Michael Korda, o editor-chefe da poderosa editora Simon & Suster — ele mesmo participante do fascinante jogo do poder —, no seu best-seller *Poder, Como Conquistá-lo, Como Utilizá-lo,* nos dá didaticamente as principais normas para criar poder.

Para completa informação de meus leitores, passo a transcrevê-las.

Primeira: "Pratique cada ação como se fosse a única coisa que realmente importa no mundo." Segunda: "Nunca revele aos outros tudo a teu respeito; guarde alguma coisa de reserva, para que eles nunca tenham certeza de que realmente te conhecem." Terceira: "Aprende a usar o tempo e pense nele como um amigo, não como um inimigo. Não o desperdices indo atrás de coisas que não desejas." Quarta: "Aprende a aceitar os teus erros. Não sejas perfeccionista a respeito de tudo." Quinta e última norma: "Não cries ondas; move-te suavemente, sem complicar as coisas."

Como homem, para quem o único limite do poder é o limite de acreditar, Michael Korda, nos dá, ainda, este ensinamento essencial: "Quanto mais mecânico e complicado for o nosso mundo, mais precisamos da simplicidade do poder para nos guiar e proteger. É o único dom que nos permite continuar sendo humanos num mundo desumano — porque o amor ao poder é o amor por nós mesmos."

A gênese da coleção O Poder do Poder

Sou editor de livros. O universo da minha vida sempre gravitou em torno de ler livros e "fazer livros". Sempre amei o livro em todas as suas formas e sempre acreditei na função do livro. Para mim o livro tem o poder de mudar as pessoas, e de mudar o mundo. Há 20 anos proclamo o princípio cultural de "Ler mais para ser mais".

Na juventude e mesmo como adulto sempre copiei, recortei ou xeroquei textos de "especial importância" para o desenvolvimento do potencial humano. Formei pastas e pastas desse material informativo — para meu uso e eventualmente para o uso dos amigos. Essa idéia foi inspirada no genial DeWitt Wallace, o fundador da *Reader's Digest* (a nossa *Seleções*) — o projeto editorial de maior sucesso em todo o mundo. DeWitt também, antes de fundar sua revista "praticava" esse singular *hobby* de colecionar recortes de artigos de interesse permanente — aliás, essa foi a idéia que deu origem à sua famosa revista multinacional. Mais tarde, usei parte desse meu material e o *know-how* adquirido em minha atividade profissional. Esta é a gênese da coleção **O Poder do Poder** e de outros trabalhos editoriais realizados por mim.

O Livro-clipping

O útil *Dicionário de Comunicação*, de Carlos Alberto Rabaça/Gustavo Barbosa, publicado pela Editora Codecri, define a palavra inglesa **clipping**, assim: **1.** Serviço de apuração, coleção e fornecimento de recortes de jornais e revistas sobre um determinado assunto, sobre as atividades de uma empresa ou instituição, sobre determinada pessoa, etc. É realização geralmente da organização, pela agência de RP ou de Publicidade que atende à empresa, ou por uma agência especializada neste tipo de serviço (conhecida como agência *clipper*). **2.** Recorte de jornal. **3.** O conjunto de recortes, recebido pelo interessado."

Sem o saber, inconscientemente, ao colecionar e "organizar" os meus recortes, sempre vinha exercendo o ofício de organizar *clipping*, embora fosse para uma só pessoa — para mim mesmo.

Impulsionado por várias circunstâncias, depois de alguns anos, já como editor, resolvi usar os meus conhecimentos para elaborar esta coleção, usando o mesmo princípio do *clipping*. Dei uma estrutura mais refinada ao material de texto, organizei os assuntos, criei uma capa — e eis o *livro-clipping*. O grande e principal objetivo é difundir conhecimentos especializados, e transformar as pessoas. Sempre fui centrado nessa magnífica obsessão.

Estrutura textual da coleção

Estatísticas nos Estados Unidos revelam a incrível constatação: quase 50% das pessoas que compram livros não os lêem até o final. No Brasil não é diferente. Motivos: além de hábitos culturais improdutivos, descuidos de editoração contribuem para essa lamentável situação.

A coleção **O Poder do Poder** é um esforço para corrigir, qualitativamente, algumas dessas falhas. Minha meta principal é apresentar um novo conceito de fazer livros — o livro-*clipping*. O livro essencializado, de interesse permanente, com texto na medida certa e de agradável diagrama. Livro de fácil leitura.

A coleção é aberta — são aceitas sugestões de títulos e de assuntos. O próprio leitor torna-se um colaborador.

Embora esta coleção tenha estrutura de continuidade, cada livro possui sua autonomia própria. É um livro com começo, meio e fim. Os textos são capítulos essenciais extraídos de publicações nacionais e estrangeiras com afinidade de assunto, formando sinergeticamente um material redacional de grande coerência. A integridade do texto original é totalmente conservada.

Aos leitores que tenham interesse em aprofundar o assunto tratado em cada capítulo, recomendamos a leitura do livro original. Desejamos, mesmo, que os textos de cada capítulo motivem o leitor a uma consulta mais extensa ao livro-matriz. Aliás, esta é a essência do *livro-clipping* — provocar interesse e informar.

Mensagem cultural

A Galáxia de Johann Gutenberg (1400-1468) continua em expansão. A "idade da informática" ilumina mentes e corações. O homem continua sua fantástica escalada cultural. Nesse imenso universo vivo, o livro é a maior fonte de conhecimento e *poder*.

Livro muda as pessoas.
Livro muda o mundo.
"Ler mais para ser mais."

ORÁCULO DOS ANJOS
Stellarius
Formato: 14 x 21
Editora Record
Tel.: (021) 585-2000
Rio de Janeiro - RJ
1994
(Ver pág. 113)

Oráculo dos Anjos

STELLARIUS

O que é um oráculo

Um oráculo é um sistema de adivinhação ao qual se pode recorrer em momentos de dúvida, com o intuito de encontrar alguma resposta.

Os antigos recorriam a certos sacerdotes ou sacerdotisas para consultá-los nas situações de difícil solução. Tanto eles quanto o sistema ritual que utilizavam para a adivinhação eram chamados de Oráculo.

A palavra Oráculo está vinculada, a partir da sua raiz, com a palavra Oração, que significa "pedido". Consultar um Oráculo, portanto, é também fazer um pedido. É um pedido que os antigos faziam aos deuses em que eles acreditavam, através desses intermediários. Logo, o uso do Oráculo está associado, desde as suas origens, à mística e ao ocultismo.

Os Oráculos vêm sendo usados pela humanidade desde a mais remota antigüidade. Os gregos consultavam o Oráculo de Delfos; dos antigos chineses foi preservado o I Ching; os Celtas utilizavam o Ogham como sistema oculto de adivinhação, baseado na interpretação das árvores. As Runas constituem outra forma de consulta que recebemos de outros tempos. Enfim, o homem valeu-se de muitos Oráculos para tentar decifrar o sentido dos seus dias na procura de uma luz que o guiasse no caminho a trilhar.

As dúvidas humanas persistem ainda hoje em dia, na era tecnológica mais avançada, e é nesses momentos que o homem recorre mais uma vez à sua instituição, a uma maneira mais profunda de obter conhecimento de si próprio e do Universo todo, como uma tentativa de voltar às fontes, às origens, a princípio, à sua própria essência.

Oráculo dos anjos

O Oráculo dos Anjos é um sistema de consulta ou adivinhação inspirado no reino dos anjos. É uma ajuda para nos alertar e orientar na tomada de decisões da vida pessoal, tanto no âmbito profissional quanto no familiar, vocacional, amoroso ou qualquer outro assunto que faça com que sintamos a necessidade de consultar.

Os anjos são interrogados por meio deste oráculo, à procura da resposta para as nossas dúvidas, e eles responderão através deste sistema. Eles estão muito mais perto de nós do que poderíamos imaginar ou supor, e estão prestes a ajudar-nos e guiar-nos, essa é a missão deles nesta Terra e o propósito da sua existência. Deus os colocou ao lado do homem para servirem de luz que ilumina o seu caminho, mas eles não podem intervir se a gente não pedir. É preciso que o Plano Divino seja respeitado, e este plano inclui a nossa liberdade, como primeira instância, para que nossa ação e nosso pensamento tenham um sentido verdadeiro, e a Grande Obra seja realizada dentro da ordem em que foi concebida.

A fim de compreendermos melhor como funciona este Oráculo dos Anjos, será interessante penetrar ligeiramente no Reino dos Anjos.

Os anjos através dos tempos

Desde o começo da humanidade, os anjos estiveram presentes na vida dos homens, de uma maneira ou de outra.

Eles recebem denominações diferentes segundo as diversas culturas; assim, os muçulmanos conhecem-nos como Barakas, os chineses como Shiens, os hindus como Devas e os índios como o Pássaro da Tribo. Ocupam um lugar de destaque na Bíblia, aparecendo em diferentes circunstâncias, às vezes prestando ajuda ou orientação; outras, apresentando uma advertência; e em outras, ainda, entregando uma importante mensagem. Podemos afirmar, portanto, que os anjos existem, sem dúvida nenhuma, uma vez que os testemunhos nos revelam sua presença através das épocas e das mais diversas culturas.

Também no campo artístico encontramos testemunhos. Os anjos serviram de inspiração para tantos artistas — poetas, músicos, pintores —, que fica difícil acreditar que tudo tenha sido fruto da imaginação dessas pessoas. Michelângelo (coincidência...?), Rafael, Botticelli e tantos outros artistas que pintaram anjos, será que os tiraram da imaginação ou realmente os viram? Talvez não os viram com a simples visão normal, mas atingindo um estado meditativo especial, quase beirando o misticismo.

As hierarquias angélicas

A maioria dos estudiosos da angelologia classifica os anjos de acordo com hierarquias, apesar do uso genérico da palavra anjo para nomear todos eles. Existem muitas opiniões diferentes quanto ao número de categorias, suas denominações e as funções que cumprem, mas a que exporemos a seguir é mais freqüente no mundo ocidental. Sua origem remonta ao século VI e chega até nós através de um livro supostamente escrito por um discípulo de São Paulo.

Os anjos são classificados em três grupos principais, denominados Coros ou Esferas angélicas. O primeiro grupo é composto dos Conselheiros Celestiais, que formam a hierarquia mais elevada. Nessa primeira categoria existe também uma ordem interna consistente em três subgrupos, correspondendo o primeiro lugar aos Serafins, o segundo aos Querubins e o terceiro aos Tronos ou Espíritos da Vontade. O segundo coro ou esfera, seguindo a ordem hierárquica, é o dos Governadores Celestiais. Estes também, por sua vez, se subdividem em três grupos, sendo que o primeiro é ocupado pelas Dominações ou Espíritos da Sabedoria, o segundo pelas Virtudes ou Espíritos do Movimento, e o terceiro subgrupo abrange os Poderes ou Espíritos da Forma, também conhecidos como Elohim. Finalmente, no plano mais próximo do homem, está o grupo dos Mensageiros Celestiais, formado pelos três subgrupos seguintes: os Principados, também chamados de Espíritos da Personalidade ou Espíritos do Tempo; a seguir, os Arcanjos ou Espíritos do Fogo; e, no último plano hierárquico, e o mais próximo do homem, encontramos os Anjos. Depois deles, aparece, por fim, o Homem.

Pode-se dizer, portanto, que o conjunto de todas as hierarquias angélicas é uma vasta esfera sem fim de seres que rodeiam um ponto central incognoscível, que se denomina Deus. Esta vibração central é a mais elevada, de modo que as freqüências vibratórias que a cercam vão diminuindo à medida que se afastam do centro. Daí se deduz que os Serafins têm uma freqüência de vibração mais elevada que os Querubins, e estes que os Tronos; e assim, sucessivamente, até chegar aos Anjos e ao Homem. Vemos que é nos Tronos onde começa a aparecer a matéria. À menor freqüência corresponde maior densidade; é por isso que o plano humano da terceira dimensão é o mais denso, o mais material, e ao nos afastarmos dele no sentido oposto, ou seja, para o ponto central, as vibrações vão se elevando e sutilizando cada vez mais, tornando-se não-visíveis à nossa visão normal.

A Divindade Central, que é o Pensamento Puro, diminui a sua vibração à medida que se projeta para o exterior e se transforma em Luz, que por sua vez se transforma em Calor, que se condensa em matéria.

Todas estas hierarquias agem tanto sobre a Terra como sobre o Cosmo. Na criação do Homem devem ter agido todas as hierarquias anteriores e superiores a ele. Combinaram e entremearam todas as suas habilidades para fazer o Homem. Porém, precisaram de uma Entidade Divina que ultrapassa a esfera dos Serafins. Essa Entidade é Deus, o Criador de tudo que foi criado.

Serafins - Aqueles que estão mais perto de Deus. Regulam o movimento dos céus emanados d'Ele. Cantam o Coro das Esferas.

Querubins - São os Guardiães da Luz e das Estrelas

Tronos - São os Guardiães dos planetas. A Terra tem a sua própria custódia.

Dominações - Recebem ordens diretamente de Deus e coordenam seu grupo (a segunda Esfera). Estão incumbidas de integrar o mundo espiritual com o mundo material.

Virtudes - Enviam energia divina para a Terra.

Poderes - São os Guardães da nossa história coletiva. Entre eles estão os Anjos do nascimento e da morte. Enviam energia divina para a Terra. Fazem com que vejamos a Rede de Luz espiritual que une nosso planeta.

Principados - São os Guardiães dos grupos, cidades, países, corporações, hospitais etc. Há muitos deles trabalhando no nosso planeta.

Arcanjos - São Seres de Luz. Os mais conhecidos de todos nós são Rafael, Gabriel, Miguel e Uriel, mas há muitos outros.

Anjos - Os mais próximos do homem. Cada ser humano tem o seu próprio Anjo Custódio ou Guardião.

É um Anjo Companheiro que nos protege e nos guia. Está sempre ao lado da gente, mas não costuma intervir se não for solicitado. Ele respeita a nossa liberdade. Todavia, está sempre disposto a ajudar. É a sua missão.

Homem - Ser que habita a

Terra e se esqueceu de sua profunda ligação com a essência divina. Deus o criou à sua "imagem e semelhança", mas o homem já não se lembra disso. Deus o fez multidimensional, mas o homem vive nas sombras e vê apenas um dos aspectos de si próprio, o seu corpo físico; não vê todas as outras manifestações, não aprecia todas as suas capacidades. O homem vive enceguecido, achando que é apenas o que vê, e o que ele capta como realidade por meio dos seus sentidos físicos; esqueceu-se de que A Realidade é muito mais ampla do que ele percebe.

No entanto, neste momento da evolução do planeta Terra, quando um ciclo está para se completar, começam a chegar energias divinas procedentes das Esferas, muito especialmente das Virtudes e Poderes, que estão acordando muitas almas ainda adormecidas que não se lembram da sua verdadeira essência divina. O momento de lembrar é agora. É uma oportunidade que cada homem recebe para lembrar a sua verdadeira origem; e, dessa forma, regressar à Fonte onde a Luz espera por ele.

São Paulo advertia para a possibilidade de qualquer pessoa encontrar um anjo no caminho, sem reconhecê-lo, por isso convida tratar todos como se fossem possíveis mensageiros de Deus.

Tudo está em movimento

Tudo que foi criado está em movimento contínuo, nada fica em repouso. A quietude é só aparente, realmente tudo se movimenta. Uma mesa, embora nos pareça muito sólida e imóvel, compõe-se de partículas em perpétuo movimento, apesar de não ser perceptível para a nossa visão normal. Estas partículas atômicas movimentam-se e combinam-se permanentemente. A vida é movimento e transformação. E até o que nós, humanos, chamamos morte é também movimento e transformação. Nada está em repouso. "Nada se perde, tudo se transforma", disse Lavoisier em sua lei fundamental. E essa é a lei da vida.

Transformação é evolução. Da mesma forma que evolução é transformação. Tudo que já foi criado transforma-se. Tudo que já foi criado evolui. O homem, como parte da criação, transforma-se e evolui também. Cada um de nós segue a sua própria espiral evolutiva, da mesma maneira que a humanidade global avança dentro da sua espiral evolutiva particular. Tudo está entrelaçado, nada é absolutamente independente. Isso vem sendo esclarecido pela nova ciência chamada Ecologia. Para o equilíbrio se manter, tudo deve evoluir segundo seu próprio ritmo, seu próprio programa evolutivo. Nós decidimos quanto aos caminhos e modos. Para isso, dispomos do livre-arbítrio, essa liberdade que nos permite escolher, optar, decidir e agir conseqüentemente. O homem vai tecendo o seu próprio caminho evolutivo. As opções podem ser múltiplas, mas é o homem que decide. O homem é o único ser responsável pelos seus próprios erros e acertos. Tudo se encontra ao nosso alcance, nós temos a capacidade de escolher entre a evolução e a involução. Às vezes esta escolha não é feita de maneira consciente, mas isso não transfere a responsabilidade na ação. Não que vá existir um castigo, simplesmente não haverá evolução. É possível que a pessoa em questão fique estagnada num estágio do seu próprio ciclo evolutivo, porque ainda não está pronta para dar mais um "salto". Porém, o mais provável é que, na verdade, tenha medo de saltar. Estes medos (como todos os medos humanos) provêm da ilusão da separação, mas, como já explicamos antes, tudo está em movimento e tudo está inter-relacionado, como a Ecologia nos explica claramente; isto significa que nada evolui isoladamente, há elos unindo tudo que foi criado. Esses elos ou laços permitem-nos ver que não estamos separados, que se trata apenas de uma aparência, na verdade dependemos uns dos outros; e aquilo que cada um de nós faz exerce uma influência sobre a espécie toda. A ciência observou recentemente que a mutação de um membro de uma espécie animal, mesmo de um pequeno inseto, modifica o código da espécie à qual pertence. Isto significa que não estamos separados, que existem laços, ou melhor, que somos todos Um.

Daí decorre também o porquê da importância da qualidade dos nossos pensamentos. Não é só o que fazemos que influi sobre os outros, também o que pensamos. Basta estarmos mais cientes desta verdade para apurar a percepção e o conhecimento de nós mesmos. É possível vivermos num mundo melhor, mas tudo depende das ações individuais. Não devemos esperar que o outro seja o primeiro a mudar, é preciso começarmos nós mesmos a mudança interna, que pela lógica virá a se manifestar depois no exterior das nossas vidas. A ordem não virá de fora, não são necessários mandados governamentais ou institucionais, independente de quais sejam, a decisão é nossa, é um ato livre e individual, mas que confluirá na mudança da totalidade.

Se cada um dos seres que habitam este planeta mudar, o resultado será uma humanidade diferente. É uma realidade matemática, não há mistério nenhum. Por isso, é preciso atentar para o que fazemos e pensamos. A mudança é possível. A decisão está em nossas mãos.

Os anjos podem nos ajudar a realizar esta mudança em nós mesmos guiando-nos pelo caminho evolutivo que escolhemos antes de vir para este planeta. Todos já tomamos decisões e fizemos planos antes de descer para esta realidade tridimensional em que nos manifestamos como matéria. Só que nos esquecemos disso. Já não nos lembramos do propósito com que viemos para a Terra. No entanto, agora, neste momento evolutivo que a humanidade toda está atravessando, apresenta-se a oportunidade de lembrarmos das escolha que fizemos como almas no "além", antes de encarnar neste corpo que agora carregamos.

Atravessamos hoje um momento especial na evolução global da espécie humana, em que nos é permitido lembrar. Estão se abrindo os arquivos das Grandes Memórias para que todos possamos ter acesso a eles. E a forma de chegar até essa informação é "mergulhando" dentro do nosso mundo interno. Através da meditação e do autoconhecimento, teremos acesso paulatinamente a revelações de fragmentos da nossa memória que até agora estiveram ocultos. Assistimos ao desbloqueio dos entraves que mantinham na escuridão estes conhecimentos, que estão vindo à tona na atualidade. Aos poucos, através do trabalho interno que você conseguirá realizar se utilizando deste Oráculo e pelo entrosamento com outros níveis de consciência em que irá se compenetrando com a prática e repetição dos exercícios apresentados neste livro; também com ajuda de outras situações que espontaneamente surgirão na vida conforme for avançando no seu autoconhecimento, você experimentará a expansão da sua consciência e começará a introduzir-se na compreensão mais completa destas idéias que, no primeiro momento, apenas ocuparão seu plano mental, e a partir dali você tentará compreendê-las; mas depois essas idéias começarão a preencher seu interior de maneira mais profunda e vivencial, vibrando dentro de você.

Você perceberá que, à medida que a sua consciência se expandir, sua compreensão da realidade aumentará e você começará a enxergar as coisas ao seu redor a partir de outra perspectiva mais universalista. Entrará na Consciência Planetária. Os detalhes serão apenas detalhes; e a sua percepção irá para além dessas fronteiras, captando globalmente suas próprias situações, as dos outros, as da humanidade toda, as do planeta, as do Cosmo, as do Grande

Plano em que todos estamos envolvidos e no qual desempenhamos um papel irrecusável.

Essa sua consciência expandida é uma consciência sem fronteiras. Ela faz parte da Grande Consciência Global, com base na qual você começará a captar tudo que precisa saber para poder realizar sua tarefa, aquela que você assumiu antes de descer na matéria, ou seja, antes de vir para este planeta.

É este o momento de todos nós lembrarmos da tarefa que viemos fazer aqui, é a oportunidade de concluir e fechar um ciclo evolutivo. Fazê-lo ou não depende apenas de cada pessoa.

Como sempre acontece nas grandes decisões, o que se coloca é a liberdade. Ninguém obriga você a nada, você é que decide. Somos todos seres livres, e é aí que reside a "armadilha" em que podemos ficar presos. É preciso ter clareza para discernir, para poder fazer uma escolha que nos ajude a evoluir e não o contrário. A decisão que tomamos agora irá nos acompanhar durante muito tempo; portanto, vamos refletir, penetrar em nós mesmos e tentar achar as verdadeiras respostas. Tudo que precisamos saber está dentro de nós, mas num plano mais elevado que o do pensamento racional ou lógico; é esse o plano que temos de atingir, para depois chegarmos gradativamente até a Compreensão Global.

Isto inclui um processo de purificação a ser realizado. Devemos desprender muitas coisas velhas (crenças, ligações) que ocupam espaço desnecessário dentro de nós, e que não precisamos transportar em nossa viagem para o "além". Não é preciso carregar tanta bagagem, é melhor ficarmos mais leves e soltos, ou não conseguiremos passar pelo "olho da agulha" que teremos de transpor para alcançar o Reino dos Céus. Esse "olho da agulha" é uma porta interdimensional que poderemos ultrapassar se formos com pouco peso, se seguirmos "magrinhos", isto é, sem culpas nem pesadas estruturas, sem rancores. É preciso perdoar para poder soltar. O perdão nos livrará de velhas cargas que ainda arrastamos. É o momento de fazer o balanço e saldar dívidas pendentes. O ciclo vai se cumprindo e já não há mais tempo a perder. Ajustemos nossas contas, limpemos e libertemos; desta maneira, veremos com mais clareza e avançaremos mais facilmente pelo caminho que ainda temos a percorrer. É preciso capinar o mato para poder ver os sinais que se ocultam por trás dele. E uma das ferramentas mais úteis para capinar esse mato é o Perdão. Tanto aos outros quanto à gente mesmo. Perdoar nos deixa mais leves, liberta-nos de rancores e culpas que já não mais precisamos carregar. Terminou o tempo do sofrimento, agora é tempo de felicidade. Está na hora de voltar à Fonte donde todos nós saímos, e para a qual todos devemos retornar. A oportunidade está aí, saibamos aproveitá-la desta vez; se não, teremos de esperar muitos eões para acontecer outro processo como este que agora estamos vivendo. Eis como funcionam os ciclos evolutivos, eis como funciona nossa realidade.

Tudo se movimenta, tudo se transforma. Nada se perde neste proceso. Tudo evolui. Você é como uma molécula no meio desse imenso Todo; se acompanha o processo, avança. Caso contrário, de toda maneira aparecerá outra tarefa, talvez menos evoluída; mas sempre haverá algo que deva realizar. Tudo que fazemos produz um efeito, uma conseqüência, tanto em nossas próprias vidas como nas dos demais seres humanos, embora não tenhamos plena consciência disso. Daqui deduzimos que, se os nossos atos e pensamentos podem afetar aos outros, por lógica conclusão afetam o Universo, uma vez que todos fazemos parte dele. Por isso, é importante considerarmos em conta que cada ação que realizamos atinge o Todo, seja como for. De tudo isto se deduz com facilidade que nós mesmos somos os criadores da nossa própria realidade. Devemos ter cuidado com o que pensamos e com o que fazemos!

O pensamento é uma energia muito poderosa que, ao ser projetada, compõe e materializa a realidade. Tudo que existe materializado ao nosso redor, seja uma cadeira, uma casa, uma empresa, ou o que for, antes foi um pensamento. Não existe nada que não tenha sido previamente pensado. Do pensamento deriva a ação. O pensamento é ação. Nós criamos a partir da mente. Todos temos essa capacidade. Daí a importância no cuidado e atenção dos nossos próprios pensamentos. Por exemplo, se quisermos estar saudáveis, não devemos pensar que estamos doentes antes de adoecer. Lembremos sempre da lei de causa e efeito: tudo que desejamos ao outro também virá para nós, porém multiplicado. Esta lei também é chamada de Karma. Recebemos aquilo que damos. É o que eu chamo de "lei do rebote", pela qual tudo que você enviou volta para você.

Não valem, portanto, as pretensas simulações de bondade e compaixão por alguém, quando no fundo há outros sentimentos negativos para essa pessoa; pois a outra pessoa receberá uma dupla mensagem, um tanto quanto confusa, que por um lado lhe diz: "Que bom que você veio" e pelo outro percebe o pensamento emitido pela pessoa que fala, contrário ao que está dizendo: "Esse cara me incomoda demais." No entanto, a pessoa do exemplo receberá de volta a energia da verdadeira mensagem, ou seja, da que está no seu pensamento, porque é a mais forte e está mais ligada ao seu sentimento. Portanto, se enviarmos bênçãos para os outros, receberemos bênçãos e ainda multiplicadas. Mas não esqueçamos que a lei também se cumpre nos casos contrários.

Todo este movimento incessante em que estamos envolvidos, e segundo cuja ordem funcionamos, não opera só de fora para dentro, pois é também o nosso jeito de funcionar internamente. Todo organismo humano está em constante renovação celular. Dentro de nós funciona um sistema de reprodução, morte, transformação e renascimento permanente, que não é senão uma amostra em escala reduzida de tudo quanto se passa ao nosso redor, no Universo que nos circunda e do qual fazemos parte. Por isso é que, autoconhecendo-nos, compreenderemos melhor como funciona o grande maquinário em que nós somos apenas uma engrenagem. Possuímos um organismo complexo com diversos aparelhos (circulatório, respiratório, nervoso, digestivo, etc.) que estão completamente inter-relacionados para nos oferecer a possibilidade de nos manifestarmos na matéria através das nossas distintas funções (pensar, falar, andar etc.), por meio das quais nos relacionamos com as outras pessoas e experimentamos nossos sentimentos e pensamentos mais variados. Mas nem sempre este complexo maquinário funciona direito, pois mesmo sendo muito resistente precisa estar contrabalançado e equilibrado, o que depende do estado interno do proprietário. Às vezes os proprietários destes mecanismos, habitualmente chamados de "corpos" ou "eu" (alguns humanos confundem o corpo com o "eu"; outros, ainda, acreditam ser apenas o corpo), mostram-se um pouco confusos a respeito de si mesmos, e então aparecem doenças que enfatizam esta situação. Assim, esta confusão cristaliza-se, e apesar de ela ter sua origem nos planos mental, emocional ou espiritual, manifesta-se no plano físico ou corpo, apresentando os sintomas que o homem reúne e classifica, dando nome a diferentes doenças.

Todos esses desequilíbrios que desarrumam o maquinário na verdade só têm a função de nos fornecer pistas que tratam de assinalar onde está a origem do desarranjo; porém, a capacidade de reparar nestes sinais requer trabalho interno, que evidentemente não vem sendo realizado, pelo menos não da maneira apropriada ao caso, pois, do contrário, os sintomas não teriam aparecido se os trabalhos estivessem sendo realizados nos outros planos de onde provêm (seja o plano mental, emocional ou espiritual). E isto está diretamente relacionado com a dinâmica do funcionamento interno de cada pessoa nos planos do dizer, pensar e agir. Quando não há coerência entre o que se faz, o que se pensa e o que se diz, surgem desequilíbrios em vários níveis; e se a pessoa não consegue unificar estas três manifestações, podem sobrevir depois sintomas físicos, que são simplesmente a cristalização do que já consta em outros planos do ser.

Tudo é movimento, nada está parado, tudo segue um ritmo, e nós somos parte do processo, não temos como escapar disso. Fiquemos atentos, observando o que se passa ao redor, mas especialmente, e em primeiro lugar, observemos o que se passa dentro de nós; lá acharemos muitos indícios que irão nortear nossa descoberta de nós mesmos e poderemos perceber que somos realmente maravilhosos.

O que acontece quando duvidamos

A dúvida é um bom sinal, indica que estamos a caminho do conhecimento. Quando duvidamos estamos exprimindo nosso desejo de não errar. Um estado de alerta acorda dentro de nós. E este é um bom sinal. A sabedoria vem depois da dúvida. Quem acha que sabe tudo na verdade não sabe. O Conhecimento foi posto no interior de cada um de nós no princípio dos tempos, e só nós mesmos podemos descobri-lo. Desenvolver o autoconhecimento é o recurso de que dispomos para desvelar a chave que mora no nosso ser.

Quando a chama da dúvida se acender em você, estará sendo chamado para acordar. A iniciação no caminho da dúvida lhe trará as maiores recompensas, aquelas que você nunca imaginou, e o levará gradativamente a trilhar seu próprio caminho, mostrando os sinais que deverá respeitar, passo a passo; alguns desses sinais vão levá-lo por caminhos ágeis e outros pelos mais árduos. Entretanto, dessas oposições nascerá a compreensão progressiva de si mesmo, que é o meio de adquirir a noção da unidade existente entre você e tudo à sua volta. Você está intimamente ligado a toda existência deste planeta, bem como ao Universo todo a que pertence. Quando a dúvida começar a percurtir dentro de você, é sinal que você está pronto para iniciar seu verdadeiro caminho. E essa é a trilha que o levará até a luz.

Este oráculo foi especialmente planejado para seus momentos de dúvida. E poderá lhe servir de guia para que você siga pelo seu próprio caminho pessoal, partindo das suas fibras mais íntimas. Este oráculo vai contatar você com o Reino Angélico, onde achará conforto, guia e orientação quando enfrentar decisões difíceis. E vai descerrar perante você, aos poucos, o véu que o impede de ver sua verdadeira rota, a estrada da sua alma.

Etimologia da palavra "anjo"

A palavra "anjo" vem do grego *ággelos* que significa "mensageiro", através do latim *angelu*. Os anjos são os mensageiros do Criador. Eles contêm os padrões básicos da criação manifesta no nosso mundo tridimensional. Eles são literalmente mensageiros e nós somos a mensagem.

Os anjos em nossa vida cotidiana

Os anjos trabalham com nossas almas, em conjunto com a Mente Universal, para elevar nosso ponto de vista e nossos espíritos por meio da verdade, da beleza e da bondade que existe em cada coisa. Ao invocarmos nossos anjos, quer seja para solicitar a ajuda deles no cumprimento das nossas questões mundanas, quer na inspiração para nossos trabalhos, podemos confiar em que tudo ocorrerá de acordo com o mais Elevado, e não como se agíssemos apenas conforme nosso arbítrio. Este ato de cooperação faz com que a gente perca aquela sensação de solidão e isolamento. Começamos a entender que não estamos sozinhos, desprotegidos, que existem guia e ajuda ao nosso redor. E a gente começa a se abrir para esse estado de gratidão em que os milagres podem ser possíveis.

OS ANJOS
Pedro Barreto
Celestino
Formato: 11 x 17
72 páginas
Editora Quadrante
Tel.: (011) 873-2278
São Paulo
1994
(Ver pág. 115)

O Nosso Anjo da Guarda

PEDRO BARRETO CELESTINO

O anjo da guarda

Conta-se que São Francisco de Sales, antes de começar a pregar, passeava o olhar pela assistência e saudava os Anjos da Guarda dos seus ouvintes. E, de uma maneira ou outra, assim fizeram todos os homens de Deus: viviam numa grande familiaridade com o seu Anjo da Guarda e com o das pessoas com quem se relacionavam.

Segundo a definição que aprendemos quando crianças, "o Anjo da Guarda é o anjo colocado por Deus junto de cada pessoa para que cuide dela durante toda a vida". E o catecismo reforça essa verdade: "Desde a infância até a morte, a vida humana é cercada pela proteção [dos anjos] e pela sua intercessão. Cada fiel é ladeado por um anjo como protetor e pastor para conduzi-lo à vida"[1].

Antes de mais nada, como acabamos de ver, para que neutralize a ação diabólica e a fraqueza congênita da natureza humana. Não são, pois, só as crianças e os doentes que precisam da tutela do Anjo da Guarda. Somos todos nós, enfermos da consciência e da vontade, poços de misérias que clamam por misericórdia. Comentando esse estado de debilidade profunda, Bossuet exclama, numa oração aos espíritos angélicos:

"Todos os homens são prisioneiros, atados pelos grilhões deste corpo mortal: espíritos li-

---

[1] *Catecismo,* nº 336; citação de São Basílio, Ad Eunomium 1; pg 29, 656b.

vres, ajudai-os a carregar esse fardo pesado; sustentai a alma, que deve tender para o céu, contra o peso da carne, que a arrasta para a terra. Todos os homens são ignorantes que caminham para as trevas: espíritos que vedes a luz pura, dissipai as nuvens que nos envolvem. Todos os homens são atraídos pelos bens sensíveis: vós que bebeis na própria fonte das delícias castas e intelectuais, refrescai a nossa sede com umas gotas desse orvalho celeste. Todos os homens têm no fundo da sua alma um infeliz germe de inveja, sempre fértil em processos, querelas, murmurações, maledicências, divisões: espíritos caridosos, espíritos pacíficos, acalmai a tempestade das nossas cóleras, dulcificai o azedume dos nossos ódios, sede mediadores invisíveis que reconciliem em Nosso Senhor os nossos corações ulcerados"[2].

Meu anjo, meu amigo

Aí o temos, colocado pelo Senhor ao nosso lado: é o nosso Anjo da Guarda, o *meu* Anjo da Guarda. Que aspecto tem?

As gravuras adocicadas que vimos na infância induzem-nos a pensar que está vestido de uma túnica azul ou rosa, talvez branca, que tem umas grandes asas plumíferas, longos cabelos dourados e uma espada flamejante na mão. Tudo isso não deixa de ter um certo significado simbólico, mas, precisamente por isso, nada me impede de pensar que o *meu* Anjo da Guarda é uma pessoa jovem, de olhar limpo, simpática, dinâmica, otimista, empreendedora, inteligente, gentil e sempre sorridente.

Aliás, a Sagrada Escritura, ao relatar a aparição de alguns anjos, mostra-os como jovens de aspecto agradável, vestidos à moda da época, fortes e cordiais. Uma criança poderá imaginar o seu Anjo como um herói de um filme, uma dona-de-casa como outra dona-de-casa com mais experiência que ela e que pode ajudá-la no cuidado do lar, na cozinha. Ou então, como quer o poeta, podemos imaginá-lo "moreno, violento e bom — brasileiro"[3].

Seja como for, já demos, com um pouco de imaginação, um grande passo para que o nosso Anjo não seja para nós uma presença estranha, incômoda ou constrangedora, mas alguém com quem nos apeteça falar, abrir-nos em confidência, como se faz com um amigo. Agora aquela definição da infância ar-

[2] Bossuet, *Sermão na festa dos Anjos da Guarda*, 1.

[3] Manuel Bandeira, *Estrela da vida inteira*, 15ª ed., José Olympio Editora, Rio de Janeiro, 1988.

redonda-se: o Anjo da Guarda é o anjo que Deus colocou ao*meu* lado para que cuide de *mim* durante toda a *minha* vida e que é *meu* amigo.

Tem por missão conduzir-me através dos perigos da vida terrestre a essa terra prometida que é o céu, como outrora um anjo foi encarregado de conduzir o Povo Eleito através do deserto até à terra da promissão: *Enviarei o meu anjo adiante de ti para que te guarde no caminho e te conduza ao país que te preparei. Mostra-te atento à sua presença, escuta os seus conselhos e não lhe resistas: ele não deixará passar nenhuma das tuas faltas, pois o meu nome está nele. Se escutares a sua voz, se fizeres tudo o que eu te disser, serei inimigo dos teus inimigos e afligirei os que te afligirem. O meu anjo caminhará adiante de ti* (Ê 23, 20-23).

Não é necessário que imaginemos a sua figura nem lhe demos um nome*. O que é necessário, antes de mais nada, é que o tratemos com confiança, como se trata um amigo íntimo, e que, portanto, não estranhemos a sua presença ao nosso lado. É comovente observar como os primeiros cristãos estavam familiarizados com a presença do Anjo da Guarda. Contam os Atos dos Apóstolos (12, 6-17) que quando São Pedro foi preso por ordem de Herodes e um Anjo o libertou no meio da noite, desaparecendo a seguir, o Apóstolo se dirigiu à casa da mãe de Marcos. Bateu à porta e a empregada que foi perguntar quem era ficou tão feliz ao reconhecer a voz que, sem abrir a porta, correu a anunciar que Pedro estava ali. "Estás louca!", exclamaram todos, mas, como ela insistisse, disseram: "Então é o seu Anjo". Não encontraram outra explicação, e essa pareceu-lhes mais natural que admitir que era o Apóstolo quem estava batendo à porta (cf. At 12, 1-17).

Esta familiaridade com o Anjo da Guarda pressupõe que conversemos com ele como se conversa com um amigo nobre e leal. Dois amigos, duas amigas não precisam ter nenhum assunto de que tratar para se verem: a família, as peripécias do trabalho, as notícias do jornal, a famosa saúde são suficientes para se entreterem e reforçarem a amizade. O que não podem é pretender mantê-la sem nunca se falarem. O monólogo cria neuróticos, como esses que se vêem pela rua mexendo os lábios, de olhos perdidos no vazio. Um cristão, além

* Devido a alguns exageros na devoção dos anjos, a Sagrada Consagração para a Doutrina da Fé proibiu em 6.6.1992 que se designem os anjos, até na devoção particular, com nomes que se julguem ser os seus nomes autênticos, mesmo com base em presumíveis revelações privadas.

de manter um freqüente diálogo com Deus e com a Mãe de Deus, conversa com o seu Anjo da Guarda com a simplicidade de uma criança, que se sente feliz e segura quando está acompanhada no seu maravilhoso pequeno mundo.

Mas suponhamos que esse amigo, cujo trato cultivamos, nos cativa também pela integridade do seu comportamento, nos ultrapassa pelos seus conhecimentos e inteligência, nos inspira segurança pela lucidez dos seus juízos. Não lhe pediremos conselho? E se esse amigo é poderoso e só usa desse poder para favorecer os que passam por alguma necessidade, não lhe pediremos ajuda com toda a confiança?

Assim é o Anjo da Guarda, por disposição divina: *Ele ordenou aos seus anjos que velem por ti em todas as tuas idas e vindas. Eles te sustentarão nas suas mãos, para que não tropeces em alguma pedra, e tu caminharás sobre a serpente e a víbora, e calcarás aos pés o leão e o dragão* (Sl 90, 11-13).

Como vimos, podem intervir nos nossos atos, na nossa vida psíquica. Não podem conhecer os nossos pensamentos e intenções, não podem agir diretamente sobre a nossa inteligência e vontade — às quais só Deus tem acesso —, mas atuam sobre a nossa sensibilidade, por meio de imagens e movimentos interiores que incidem sobre a memória e a imaginação. Se, como diz São Tomás, "a maioria dos homens segue a inclinação dos seus sentidos", das suas emoções e paixões — tantas vezes suscitadas hoje por um filme, uma leitura, uma telenovela —, vemos como não é inócua a ação benfazeja dos anjos e é até "estratégica", oferecendo dados luminosos à inteligência e à vontade. É uma ação profunda, de ampliação dos horizontes, como a de alguém que nos fizesse aproximar os olhos de um poderoso telescópio.

Tudo isto é difícil de aceitar? Para quem tem fé, não é a verdade de Deus que deve rebaixar-se ao nível da compreensão dos homens, mas o espírito humano que deve elevar-se à altura das verdades divinas. *Se aceitamos o testemunho dos homens, o de Deus é ainda maior,* diz São João (I Jo 5, 9).

Contar com a sua ajuda

Todas as coisas materiais que direta ou indiretamente contribuam para aproximar-nos de Deus podem ser objeto de uma intervenção do Anjo da Guarda, e Ele realmente *quer* que contemos com a sua ajuda. Ora, haverá alguma atividade ou ocupação material que não possa aproximar-nos de Deus? Nenhuma, se o que fazemos é do seu agrado e o fazemos para agradá-lo.

Se, como bons cristãos, oferecemos a Deus o nosso trabalho profissional, a nossa dedicação à família, o nosso relacionamento com os amigos ou mesmo o nosso lazer, poderá surpreender-nos que, invocando a ajuda do Anjo da Guarda, encontremos um lugar para estacionar o carro, quando de outro modo chegaríamos atrasados a uma reunião de trabalho, à saída do colégio, ao encontro com um amigo?

Quantas vezes não teremos dito à esposa, ao marido, ao colega de escritório:" Escute, lembre-me de que..."? Parece que ficamos mais tranqüilos, porque é como se tivéssemos delegado ou ao menos compartilhado com essa pessoa a nossa responsabilidade de lembrar-nos de realizar aquela tarefa, de fazer aquele telefonema ou de passar pelo supermercado... Essa sensação de tranqüilidade é tão profunda que, se a pessoa em questão se esquece de avisar-nos, somos bem capazes de dizer-lhe: "Está vendo" Por sua culpa, não felicitei fulano pelo aniversário". E a pessoa nunca nos responderá: "A culpa é sua; você é que tinha de telefonar"; também ela se sente responsável pelo esquecimento. O melhor exemplo é o do despertador. Temos tal confiança nele que, se algum dia falha, nos sentimos livres de responsabilidades e dizemos ao chefe que nos olha feio: "Sabe, a culpa foi do despertador, que não funcionou..." E tudo na santa paz, porque a culpa foi do "outro".

Pois bem, assim como confiamos num colega, num familiar ou no despertador, podemos — e devemos — confiar no nosso Anjo da Guarda. Esse não esquece, não vai deixar transbordar o leite nem esgotar-se o prazo para renovar o licenciamento do carro... Mas nem por isso deixemos de dar corda ao despertador ou de acertá-lo para a hora que nos interessa amanhã, porque afinal quem deve acordar somos nós e o nosso Anjo ajuda-nos e colabora se nós não deixamos de empregar conscienciosamente os meios ao nosso alcance.

E por falar em despertadores, nem por por muito conhecida impressiona menos a familiaridade com que um santo dos nossos tempos, o Bem-aventurado Josemaría Escrivá, tratava o seu Anjo da Guarda. Nos seus primeiros anos de sacerdócio, em Madri, tinha de levantar-se muito cedo para atender a todos os compromissos do dia, e acontece que não podia confiar no seu despertador, que estava precisando de um conserto para o qual não tinha dinheiro. Recomendava-se então ao seu Anjo e conta que, em toda essa temporada, nunca deixou de acordar por si no momento exato. Passou então a chamar ao seu Anjo da Guarda "o meu relojoeirinho".

Falando sobre o Bem-aventurado Josemaría Escrivá, dizia D. Álvaro del Portillo, seu sucessor na direção da Opus Dei:

"Aprendeu dos seus pais a relacionar-se com o Anjo da Guarda. Quando era seminarista, leu num livro de um Padre da Igreja que os sacerdotes têm, além do Anjo da Guarda, um Arcanjo ministerial. Por isso, desde o dia da sua ordenação, tratou-o com grande simplicidade e confiança, a tal ponto que dizia estar certo de que, mesmo que a opinião desse autor não fosse correta, o Senhor devia ter-lhe concedido um Arcanjo ministerial, pela fé com que sempre o havia invocado. [...]

"Quando cumprimentava o Senhor no Sacrário, agradecia sempre aos Anjos ali presentes a adoração que prestam continuamente a Deus. Ouvi-o dizer mais de uma vez: "Quando vou a um dos nossos oratórios em que há um tabernáculo, digo a Jesus que o amo e invoco a Trindade. Depois agradeço aos Anjos que guardam o Sacrário e adoram Cristo na Eucaristia". [...]

"Antes de sair de uma sala, detinha-se um instante junto à porta, de maneira quase imperceptível, para "deixar passar os seus dois Anjos": era um pequeno detalhe que passava despercebido e que mostra como cultivava o trato com o seu Anjo da Guarda e o seu Arcanjo ministerial. Não era um gesto teatral, pois era preciso estar muito atento e a par desse "segredo" para percebê-lo"[4].

Qualquer dos nossos dias pode estar cheio de contratempos, às vezes minúsculos — uma súbita indisposição física que nos tira a vontade de trabalhar, um esquecimento, o mau tempo, uma carta que não chega, o cliente que "manca", o fornecedor que não cumpre, etc., etc... Todos eles somados podem fazer-nos chegar ao fim do dia com uma sensação de fracasso, tristes e mal-humorados. Foram coisas graves? Talvez não, mas o clima interior em que nos deixaram, sim: "Hoje, nada deu certo".

É a frase mais derrotista e anticristã que existe. Por que não experimentamos socorrer-nos do nosso Anjo em cada uma dessas circunstâncias, e, se forem previsíveis, como por exemplo o trânsito, antes de cada uma delas? Por que não há de poder o nosso Anjo sugerir-nos outro percurso? Não seria, por exemplo, o caso de não fazermos nenhum telefonema sem antes invocarmos a ajuda do Anjo da

---

[4] Álvaro del Portillo, *Entrevista sobre o Fundador da Opus Dei*, Quadrante, São Paulo, 1994, págs. 161-162 e 59.

Guarda? Já pensamos no tempo que nos podem custar ao fim de um dia as tentativas de ligar para um número que dá sempre "ocupado", para outro em que matematicamente a telefonista nos vem dizer que a pessoa "está numa reunião" ou "saiu um momentinho"?

Mons. Escrivá vai mais longe ao recomendar-nos como deve ser este recurso prévio aos anjos tutelares e escreve: "Acostuma-te a dar graças *antecipadas* aos Anjos da Guarda..., para obrigá-los mais"[5]. E incita-nos a receber essas ajudas com a admirável naturalidade da fé: "Ficas pasmado porque o teu Anjo da Guarda te tem prestado serviços patentes. — Não devias pasmar; para isso o colocou o Senhor junto de ti"[6].

"Freio" para as tentações

Mas se os anjos nos auxiliam nas coisas materiais, com muito mais gosto o fazem quando se trata de assuntos que dizem respeito diretamente à nossa vida de filhos de Deus. É disso que eles gostam especialmente.

É verdade que cada qual é tentado pela sua própria concupiscência e que há no ambiente muitas ocasiões de desviar-nos. Mas não é menos verdade que muitas vezes somos tentados pelo Maligno, como já vimos.

Essa ação maligna pode chegar a assumir o caráter de uma verdadeira insídia diabólica, pela maneira forte, sensível e inequívoca com que se apresenta. Reveste-se então de uma violência tão desproporcionada que, para explicá-la, é necessário admitir um agente externo: idéias fixas, imagens tão vivas que se impõem como realidades, repugnância inusitada pelo cumprimento da lei de Deus, pelos compromissos de fidelidade na vida conjugal, até então inquestionável...

Mas, sem chegar a esses extremos, não raras vezes experimentamos uma atração súbita pelo mal, no meio de uma vida íntegra ou até de uma oração: uma dúvida estranha em relação a uma verdade de fé, uma imaginação repentinamente desperta para a impureza, um acesso ridículo e nem por isso menos imperioso de vaidade, uma explosão de orgulho ou de ira no decorrer de uma conversa amistosa... Noutros casos, é uma insensibilidade, uma cegueira progressiva que vai forjando aos poucos a *dureza de coração* — quantas vezes nascida de uma mentira em que a pessoa se vai enredando, perde

---

[5] Josemaria Escrivá, *Forja*, Quadrante, São Paulo, 1987, nº 93.

[6] *Caminho*, nº 565.

a capacidade de orar e mesmo de raciocinar, e acaba por tornar-se irreconhecível, não só aos olhos dos outros mas de si própria.

Precisamos da proteção habitual do Anjo da Guarda para lutar contra essas investidas que nos podem apanhar de surpresa, ou contra esse estado de progressiva frieza e debilidade que nos empurra pouco a pouco para a traição. O hábito de consciencializar com freqüência a companhia do Anjo ao nosso lado e a certeza de que ele "não permitirá que sejas tentado acima das tuas forças, antes te levará nas mãos para que passes por cima dos tropeços"[7] é um dos meios queridos por Deus para nos fazer chegar o seu socorro.

Além disso, esse convívio com o nosso Anjo não pode deixar de estar cercado de respeito, e esse sentimento já é uma poderosa salvaguarda. No fundo, muitos pecados e tropeços resultam de uma louca sensação de impunidade: "Ninguém me vê". Mas Deus vê, e o nosso Anjo, bem ao nosso lado, vê. E há ocasiões em que a consciência dessa realidade, se temos a fé e a coragem de atualizá-la, é o derradeiro freio contra a tentação: "Anda sempre com toda a circunspeção" — diz São Bernardo —, "como quem tem presentes os Anjos em todos os seus caminhos. Em qualquer parte, em qualquer lugar, *mesmo o mais oculto*, tem reverência pelo Anjo da Guarda. Como te atreverias a fazer na sua presença o que não farias estando eu presente? Ou duvidas por acaso de que esteja presente porque não o vês? Que farias se o visses?[8]

E complementa mons. Escrivá: "É como se o teu Anjo te dissesse: — Tens o coração cheio de tanta afeição humana!... E a seguir: — É isso que queres que guarde o teu Anjo da Guarda?"[9]

Cooperadores para o bem

A solicitude dos anjos não se manifesta apenas em neutralizar as instigações do demônio, mas em cooperar conosco em todos os nossos atos espirituais. "Os anjos cooperam em todas as nossas boas ações", diz São Tomás.[10] Se nem todas as nossas fraquezas podem ser imputadas a uma influência direta do demônio, pois estamos submetidos ao peso do pecado original, agravado pelas nossas fal-

---

[7] São Bernardo, *Sermo in Psalmo 90*, 12.

[8] São Bernardo, *ibid*.

[9] Caminho, nº 150.

[10] *Suma Teológica,* I, q. 114, art. 3, ad.3.

tas pessoais, já os atos sobrenaturais do homem — os que se realizam em estado de graça, os que santificam —, por estarem num nível superior ao das suas forças, exigem a intervenção divina, que nos é oferecida pela graça do Espírito Santo, e também — coadjuvando — pelo ministério dos anjos.

Esta ajuda é especialmente valiosa quando rezamos. Os anjos estão em oração permanente, porque vêem permanentemente a face de Deus, a quem louvam e amam sem cessar, *por natureza*. Não nos ensinarão a orar e, sobretudo, não levarão as nossas orações a Deus, purificadas? Vale a pena considerarmos outra passagem do sermão de Bossuet na festa dos Santos Anjos da Guarda:

"Quando ofereceis a Deus as vossas orações, quanto vos custa elevar até Ele o vosso espírito!, no meio de quanta agitação formulais os vossos desejos!, quantas vãs imaginações, quantos pensamentos vagos e desordenados, quantas preocupações temporais! No meio de tantos obstáculos, julgais que elas possam atravessar as nuvens e penetrar no alto dos céus? Sem dúvida que cairiam pelo seu próprio peso, se a bondade de Deus não nos providenciasse o seu auxílio. Ele enviou o seu anjo, a quem Tertuliano chama o anjo da oração. É por isso que Rafael dizia a Tobias: "Eu apresentei a Deus as tuas orações". Esse anjo vem recolher as nossas orações, e elas sobem, diz São João, pela mão do anjo até à presença de Deus [...] Vede como sobem pela mão do anjo; admirai como se enriquecem, apresentadas por uma mão tão pura".[11]

Precisamos muito dessa ajuda do nosso Anjo para que a nossa oração seja uma verdadeira "elevação da mente a Deus", e não um monólogo asfixiante em que, ao invés de abrir-nos para Deus, nos ocupamos em pensar nas *nossas coisas* e acabamos por fecharnos nas nossas preocupações, quando não nas nossas mágoas, nos nossos ressentimentos e egoísmos.

Mas o nosso Anjo ajuda-nos não só a orar em determinados momentos do dia e a rezar as orações vocais que tenhamos por costume, se lhe pedimos que nos assista antes de nos entregarmos a elas, como também a permanecer em oração no meio dos nossos afazeres diários. Tudo aquilo que nos ocupa, se forem atos bons, pode divinizar-se quando orientado por Deus. E é aqui que o nosso Anjo nos pode ajudar a levantar o espírito da materialidade do que estamos fazendo para, com ele, contemplarmos por assim dizer a face do Pai que está nos céus. Tudo o

---

[11] Bossuet, *ibid.*

que nos interessa interessa ao nosso Anjo, por mais material ou intranscendente que seja.

Expedientes humanos

Há pequenos expedientes humanos que nos podem ajudar nesse sentido. Com um pouco de imaginação — neste caso, nenhuma imaginação pode ser superada ou desmentida pela realidade—, podemos ganhar consciência da presença do nosso Anjo da Guarda ao nosso lado nas situações mais corriqueiras. Assim o testemunha, com a simplicidade de uma fé vivida, um pai de oito filhos, diretor-geral de uma multinacional norte-americana na Europa:

"Ter o nosso Anjo da Guarda sentado no nosso escritório, nalguma cadeira vazia que haja por ali, ou do outro lado do torno na oficina, ou sentado numa carteira, escutando como os demais alunos as explicações que dou na aula, pode contribuir para que eu exerça o meu trabalho com um sentido muito mais profissional e pensando muito mais nos outros e muito mais em Deus; numa palavra, o meu Anjo ajudar-me-á a santificar o meu trabalho.

"Quando vemos a televisão em família, o normal é que cada membro ocupe um lugar fixo ou quase fixo, que os outros respeitam por um acordo tácito. Não é difícil, portanto, procurarmos um 'lugar' para o nosso Anjo, que pode ser sempre o mesmo. Com os olhos da cara, continuaremos a ver esse lugar vazio, mas, com os olhos da imaginação, distinguiremos perfeitamente o nosso Anjo; e não será difícil imaginarmos a cara que porá conforme o que estivermos vendo. E ser-nos-á fácil, pensando em qual será a sua opinião, decidir se veremos ou não determinado programa. E quando com toda a naturalidade mudarmos de canal, ou simplesmente desligarmos o televisor, poderemos "ver" o sorriso do Anjo, embora talvez vejamos também, pelo canto do olho, algum gesto de contrariedade de um filho ou de outro.

"E assim como podemos 'reservar' um lugar ao nosso Anjo junto da televisão, podemos oferecer-lhe o assento ao nosso lado quando dirigimos sozinhos, ou o de trás se vamos acompanhados, e isso nos servirá para dirigir melhor e não insultar, ou insultar menos, o cavalheiro que nos dá uma "fechada", e para respeitar as regras de trânsito; mais que isso, para ter com os outros motoristas pormenores de cortesia que nenhuma regra de trânsito impõe. À mesa, quando tiver que decidir qual a fruta que vou comer, posso pensar que, depois de mim, será a vez de o meu Anjo se servir, e verei como me será fácil não escolher a fruta que mais me apetece. [...]

"São muitos os expedientes de que podemos servir-nos para contar com a ajuda do nosso Anjo — tantos como são as situações da nossa vida. Vamos procurar "descobri-los" aos poucos — ele nos ajudará a fazê-lo com as suas inspirações —, e assim, com o decorrer do tempo, iremos acostumando-nos à sua presença. Já não precisamos de expedientes, como não precisamos de nenhum expediente para lembrarmos do nosso pai ou mãe, da esposa ou do marido, de cada filho".[12]

Os anjos dos outros

Todos os anjos se conhecem e se dão entre eles, apesar de serem mais numerosos que as areias do mar. Todos os Anjos da Guarda têm o mesmo propósito em relação à pessoa que protegem e são o melhor amigo dos nossos amigos. Há, pois, alguma razão para que, ao encontrarmo-nos com uma pessoa das nossas relações, a cumprimentemos e não cumprimentemos o seu Anjo, se é de boa educação cumprimentar também a pessoa que acompanha um amigo nosso?

Também não há razão para que não peçamos ao Anjo de um amigo que nos ajude a convencê-lo a aproximar-se de Deus, tanto mais que sabemos que todos os homens, quer batizados quer não, têm um Anjo da Guarda: "Conquista o Anjo da Guarda daquele que queres trazer para o teu apostolado. — É sempre um grande *cúmplice*", diz o Bem-aventurado Josemaría Escrivá em *Caminho*.[13]

Os Anjos dos nossos filhos têm de ser também nossos amigos. Muitas vezes, por não sabermos com quem andam, que ambiente freqüentam, ou simplesmente por já ser tarde e ainda não terem chegado a casa, passamos mal, às vezes muito mal. E sofremos por nada podermos fazer para ajudá-los, pois não sabemos onde estão. O nosso Anjo e os dos nossos filhos podem fazer o que nós não podemos. Peçamos ao nosso Anjo que diga aos dos nossos filhos que, onde quer que estejam, os ajudem no que precisarem e os tragam de volta para casa, sãos e salvos de corpo e alma. Se nessas circunstâncias soubéssemos que um amigo nosso se encontrava perto do lugar onde está o nosso filho, não lhe telefonaríamos para pedir-lhe ajuda? Pois bem, sem sabermos onde está o nosso filho nem se tem problemas, sabemos sim que o seu Anjo está

---

[12] Francisco José Muñoz, *Mi ángel, mi amigo*, Palabra, Madrid, 1991, págs. 27-28

[11] *Caminho*, nº 563.

com ele e que o nosso Anjo pode dar-lhe o nosso "recado". Seria ilógico que não o fizéssemos.

O cardeal Carlo Confalonieri, que foi secretário do Papa Pio XI, conta-nos um detalhe da vida do Santo Padre que aplicaremos sem dificuldade ao nosso relacionamento com os anjos, especialmente se por acaso ocupamos cargos de responsabilidade.

"Pio XI tinha uma grande devoção aos Anjos da Guarda. Em primeiro lugar ao seu, e depois aos Anjos que sabia estarem à frente dos cargos eclesiásticos e das circunscrições territoriais. Quando tinha de levar a cabo uma missão delicada, pedia ao seu Anjo que lhe abrisse o caminho e dispusesse favoravelmente o ânimo das pessoas com quem tinha de tratar. Mais ainda, em circunstâncias particularmente difíceis, invocava também o Anjo da Guarda do seu interlocutor, pedindo-lhe que iluminasse e infundisse paz no seu protegido. Quando chegou à diocese de Milão, da qual fora nomeado arcebispo por Bento XV em 1921, Mons. Ratti [o futuro Pio XI] ajoelhou-se para beijar a terra que o Senhor lhe confiava e invocou a proteção do Anjo da diocese. E fez o mesmo ao chegar à Polônia como Visitador Apostólico".[12]

E D. Álvaro del Portillo conta-nos do Bem-aventurado Josemaría Escrivá:

"Com uma correspondência heróica e perseverante à graça, adquiriu o hábito de cumprimentar sempre o Anjo da Guarda das pessoas com quem se encontrava: costumava dizer que cumprimentava primeiro o "personagem". Um dia de 1972 ou 1973, veio visitá-lo o arcebispo emérito de Valência, D. Marcelino Olaechea, acompanhado pelo seu secretário. Como eram muito amigos, o Padre cumprimentou-o e disse-lhe brincando: — "D. Marcelino, a quem cumprimentei primeiro?" O arcebispo respondeu: — Primeiro a mim. — "Não", disse-lhe o Padre. "Cumprimentei primeiro o personagem". D. Marcelino replicou, perplexo: — Mas, entre mim e o meu secretário, o personagem sou eu. Então o nosso Fundador explicou: — "Não, o personagem é o seu Anjo da Guarda".[13]

Gratidão ao nosso anjo

Possivelmente desde crianças temos o hábito de invocar o nosso Anjo com essa oração tão bela na sua simplicidade: "Santo Anjo do Senhor, / meu zeloso guardador, / se a ti me con-

[12] Carlo Confalonieri, *Pio XI visto da vicino*, Turim, 1957, págs. 108-109; cit. por G. Huber, op. cit., págs 308-309.

[13] Álvaro del Portillo, *op. cit.*, pág. 162.

fiou / a piedade divina, / sempre me rege e me guarda, / governa e ilumina". Se a usamos confiadamente, podemos estar certos de que ele nos tem ajudado em mil circunstâncias, quer o saibamos quer não.

Já pensamos alguma vez na quantidade de ocasiões em que teria podido acontecer-nos algo de desagradável e não aconteceu? Com certeza que sim. Um tropeção na escada que não teve maiores conseqüências, um acidente de que escapamos por um triz, uma doença séria diagnosticada a tempo, uma demissão do emprego que não se efetivou... E a nossa alma, quantas vezes não terá estado em perigo sem que tivéssemosconsciência disso ou tivéssemos uma consciência vaga e fraca? Muito mais do que possamos imaginar.

Em todas essas ocasiões, o nosso Anjo atuou sem que nós o percebêssemos. "O meu Anjo pensa em mim, que nunca penso nele", dizia uma moça depois de ler um estudo sobre os anjos. Temos de agradecer-lhe esses favores com uma palavra, com um olhar, com um sentimento de afeto.

E um dia teremos de agradecer-lhe o último serviço que nos prestará: o de estar ao nosso lado no momento da morte, incutindo-nos confiança e serenidade, e o de acompanhar-nos ao juízo particular, a que iremos certamente inseguros e talvez preocupados. Desde já devemos tomar a sério e sentirmo-nos muito animados com esta reflexão repleta de sentido sobrenatural e tão humana:

"O Anjo da Guarda acompanha-nos sempre como testemunha especialmente qualificada. Será ele quem, no teu juízo particular, recordará as delicadezas que tiveres tido com Nosso Senhor, ao longo da tua vida. Mais ainda: quando te sentires perdido pelas terríveis acusações do inimigo, o teu Anjo apresentará aqueles impulsos íntimos — talvez esquecidos por ti mesmo —, aquelas manifestações de amor que tenhas dedicado a Deus Pai, a Deus Filho, a Deus Espírito Santo. Por isso não esqueças nunca o teu Anjo da Guarda, e esse Príncipe do Céu não te abandonará agora, nem no momento decisivo".[14]

Aprender com o anjo

A devoção aos Anjos da Guarda não é um ornamento sugestivo mas infantil, não é um conto de fadas, nem nos abeira das imaginações tresloucadas e muitas vezes diabólicas do esoterismo ou do espiritismo. Procede da palavra revelada por Deus, e tem a mesma força e a mesma eficácia salvífica das de-

[14] Josemaria Escrivá, *Sulco,* Quadrante, São Paulo, 1987, nº 693.

mais verdades que compõem o tesouro da fé cristã. Mas, além disso, é bem própria da espiritualidade dos leigos.

Que se pede de um simples cristão? Que procure o rosto de Deus, a conversa com Ele, no meio das suas ocupações diárias. *Quer comais quer bebais, ou façais qualquer outra coisa, fazei tudo para a glória de Deus,* dizia São Paulo (1 Cor 10, 31; Col 3, 17). Não importa o que estejamos fazendo: todas as nossas coisas, à exceção do pecado, são dignas de Deus se as fazemos por corresponderem à sua Vontade, e por isso podem ser ocasião de um "doce encontro" com Ele.

Não é fácil chegar a esse "materialismo cristão"[15], que se dá perfeita conta de que Deus também anda no meio das panelas da cozinha, como dizia Santa Teresa. Exige integridade da conduta, pureza das intenções, brio no cumprimento do dever, espírito abnegado de serviço e de caridade. Resumindo, exige que vivamos conscientes de que "o Deus escondido, o Deus misterioso, não é o Deus longínquo, o Deus ausente, mas é sempre o Deus próximo"[16], que me vê, que me ouve.

[15] Josemaria Escrivá, *Questões atuais do cristianismo,* 3ª ed.,Quadrante, São Paulo, 1986, nº 115.

[16] Henri de Lubac, *Sur les chemins de Dieu,* cap. 4, pág. 112.

E é aqui que o nosso Anjo pode e quer intervir. Os anjos estão sempre atarefados na sua missão de proteger-nos nas nossas "idas e vindas"; correm conosco, fazem-se presentes instantaneamente onde têm que agir, sem demoras, sem pressas, com portentosa eficácia. Empenham-se junto de nós, empenham-se pelas nossas coisas, tanto as puramente espirituais como as mais materiais, se estas são caminho para Deus; não lhes são indiferentes as nossas bagatelas como as nossas façanhas, e por elas trabalham conosco sem parar. E, no entanto, *vêem sempre a face de meu Pai que está nos céus* (Mt 18, 10): nada os faz perder a visão beatífica de Deus, a contemplação amorosa e ininterrupta da Sua face, que adoram, louvam e amam. Neles se fundem a ação e a contemplação.

No meio de todos os serviços que nos prestam, das inspirações com que nos protegem e animam, como fio condutor de todos esses esforços, o que eles se propõem é levar-nos a alcançar também essa fusão de ação e oração que, por graça divina e pelo seu ministério, seja em nós simples e forte como neles o é por natureza e graça, numa harmonia perfeita.

O TEU ANJO DA GUARDA
Maria Vieira
Formato: 9 x 16
32 páginas
Editora CAS
Braga, Portugal
1977
(Ver pág. 116)

O teu Anjo da Guarda

MARIA VIEIRA

Introdução

Anjos... O que são realmente os anjos? Cabecinhas que andam a voar pelos céus? Estamos habituados a vê-los em pinturas, esculturas ou medalhões desses que se colocam com um laçarote no berço do bebê. Lembro-me duma gravura em que um jovem de túnica e asas muito brancas estendia os braços para evitar que uma menina caísse num terrível abismo. Sempre a protegerem as crianças...

Será que quando somos adultos podemos prescindir dos serviços — da proteção e amizade solícita — do nosso Anjo da Guarda?

Quando somos adultos estamos expostos ainda a muito mais dificuldades e tentações do que os meninos. E necessitamos muitíssimo da ajuda do Anjo que Deus destinou para nosso companheiro na viagem desta vida. Esse zeloso guardador permanece sempre ao nosso lado, nunca nos deixa sós, e o que mais deseja é conduzir-nos até ao Céu e ver-nos eternamente felizes.

É muito importante para nós termos conhecimento da existência e natureza dos anjos, do fim para que foram criados, da ajuda que nos prestam os anjos bons, e de como nos odeiam e atacam os anjos maus ou demônios.

"Tem confiança com o teu Anjo da Guarda. Trata-o como a um íntimo amigo, que o é, e ele saberá prestar-lhe mil e um serviços nos assuntos ordinários de cada dia."[1]

Cada vez é maior o afã de toda a gente por aumentar a cultura, por ter conhecimentos mais profundos em todos os aspectos da Ciência e da Técnica. Mas não podemos ficar para trás no que se refere à nossa fé. E há uma ignorância a que moralmente se chama culpável: a dos que não procuram saber tudo o que deviam para viverem como bons cristãos, filhos de Deus.

O catecismo pelo qual muitos aprendemos a doutrina cristã diz-nos o que é imprescindível saber sobre os anjos. O último ponto fala da devoção que devemos ter ao nosso Anjo da Guarda.

E o que é que acontece à maioria dos católicos? Sucede que fecham o catecismo na última lição antes da Comunhão Solene e não voltam a abri-lo. E assim ficou o nosso Anjo, como aliás ficaram muitas outras coisas importantes, mergulhadas numa neblina cada vez mais densa. Sejamos sinceros. Pode ser que rezemos a oração ao Anjo da Guarda que nos ensinou a nossa Mãe, e ficamos por aí...

Para sabermos mais sobre os anjos não temos que olhar para o mundo que nos rodeia mas para Deus, de quem estão mais perto.

[1] J. Escrivá de Balaguer, "Caminho", nº 562.

Criação e natureza dos anjos

"No princípio Deus criou o céu e a terra". Assim começa o Gênesis, o primeiro livro do Antigo Testamento.

E a Santa Igreja, com a autoridade que pelo próprio Jesus Cristo lhe foi conferida — "O que a vós ouve, a mim ouve, e o que a vós despreza a mim despreza"'[2] ensina-nos, comentando o primeiro artigo do Credo, "que Deus criou todas as coisas que no céu e na terra se contêm, todo o universo"[3]. Diz-nos também que as criaturas mais nobres criadas por Deus são os anjos[4].

A existência dos anjos deve-se pois a um ato da vontade divina que os tirou do nada.

A obra da criação é toda ela uma maravilha e leva-nos constantemente a descobrir o seu autor: Deus. Com certeza que mais do que uma vez nos impressionou a perfeição da pequenina flor nascida em qualquer recanto no alto duma serra, a grandiosidade das ondas que se enrolam e crescem para se desfazerem depois em espu-

[2] S. Lucas, 10, 16.

[3] Catecismo S. Pio X, 12ª edição. União Gráfica. Lisboa, pág. 56.

[4] Catecismo S. Pio X, 12ª edição. União Gráfica. Lisboa, pág. 58.

ma de encontro às rochas, ou a beleza vermelho-dourada dum entardecer... E mais ainda nos faz pensar que havendo tantos milhões de pessoas à superfície da terra, todos sejam diferentes — não há duas caras exatamente iguais —, embora todos humanos. Pois com os anjos Deus ainda se excedeu mais, se assim podemos dizer, porque não se trata só de que sejam todos diferentes, é que cada um esgota a sua espécie. Há um único anjo de cada modelo, para nos explicarmos por palavras nossas. "Cada anjo é tão diferente do outro como uma mulher duma rosa"[5].

São a obra mais perfeita do Criador, os seres que mais se lhe assemelham. Os anjos refletem a grandeza e os atributos de Deus. Um representa a sua força, outro o amor, a firmeza... Cada anjo adora e louva a Deus naquela perfeição de que é imagem. É pois o próprio Deus que honramos nos anjos, porque refletem a perfeição do Seu Ser infinito.

Na Sagrada Escritura chama-se aos anjos com diversos nomes. Serafins, Querubins, Dominações, Potestades, Virtudes, Arcanjos... Estes nomes designam, segundo o seu diferente significado, os vários ofícios que cada um desses anjos desempenha. Alguns estão só a contemplar a Deus e a dar-lhe glória, outros têm também missões que pelo Senhor lhes são dadas: ocupam-se de tudo o que no Universo se há de realizar. A própria palavra anjo deriva dum vocábulo grego que significa mensageiro.

Deus criou os anjos em grande número, enchem o céu e a terra. O Apocalipse fala de que são milhares de milhares os que servem a Deus e de mil milhões os que O assistem. Toda a Bíblia está cheia da presença dos anjos e é nessas passagens, principalmente, que podemos ver como Deus se serve deles em benefício dos homens.

Os anjos são espíritos puros, mas não foram criados para dar vida a nenhum corpo, como acontece com a alma humana. Para nós, o corpo forma parte do nosso ser. Quando a alma se separa do corpo, dá-se a morte, que é conseqüência do pecado original, e a que primitivamente não estávamos destinados, por isso tem para nós um certo matiz de tragédia, por muito cristãmente que a encaremos. O nosso corpo separado da alma reduz-se a pó, mas ressuscitará um dia, glorioso, e unido de novo à alma que é imortal. Como a nossa alma, os anjos uma vez criados perdurarão para sempre.

Não podemos pensar num

---

[5] Santo Tomás de Aquino, Doctrina Teológica. Ediciones Rialp. Madrid, 1962.

anjo a dormir, a comer, a conversar com outro, nem sequer a tocar harpa. Também não ocupam espaço. Mas não estão em todas as partes ao mesmo tempo. Só Deus é Onipresente, como é Onipotente, Imenso, Infinito... É certo que os anjos, por serem espíritos puros, não precisam de encolher-se para entrar num sítio, nem precisam de se esticar para abrangerem mais espaço. Perguntar onde está um anjo equivale a perguntar onde exerce a sua ação. Está onde atua, em cada momento, por assim dizer.

No Evangelho de São Mateus, 18,10, estão recolhidas palavras de Jesus Cristo sobre o escândalo, e o capítulo termina assim: "Vede, não desprezeis um só destes pequeninos; pois vos declaro que os seus anjos nos céus vêem incessantemente a face de meu Pai, que está nos Céus".

Os anjos vêem continuamente a Deus porque Ele está no céu, na terra e em toda a parte, é imenso, e os anjos estão sempre na sua presença mesmo quando estão em missão, pois cumprem os mandatos de Deus sem deixarem de estar com Ele. Vêem continuamente a face de Deus. A guarda dos homens pelos anjos é uma conseqüência dessa sua visão contínua de Deus.

Vários autores espirituais se referem à presença dos anjos junto dos Sacrários em perpétua adoração ao Santíssimo Sacramento, e pela mesma razão os anjos rodeiam o altar durante o Santo Sacrifício da Missa.

O conhecimento nos anjos

No próprio momento em que foram criados, os anjos começaram a gozar a felicidade e perfeição próprias da sua natureza angélica e receberam de Deus o dom da graça santificante.

São os seres mais semelhantes e próximos a Deus e desde o princípio viram a Sua Onipotência, Bondade, Beleza, Grandeza, etc., como nós na terra nunca conseguiremos ver.

O conhecimento dos anjos tem essa transparência de quem não precisa passar as coisas pelos sentidos, mas que tem delas uma visão direta sem qualquer espécie de deformação.

Enquanto o homem precisa estudar muito os assuntos ou de treinar-se demoradamente num ofício para ir conseguindo saber alguma coisa, unindo as idéias umas a outras — através da ciência que lhe vai sendo transmitida por outros, ou pela sua própria observação e experiência — os anjos conheceram sempre todas as coisas materiais e espirituais. Deus ao criá-los deu-lhes ao mesmo tempo as idéias de tudo o que deveriam saber. Puderam logo entender tudo rapidamente, duma só vez, como acontecerá à alma separada do corpo. E como não cabe neles nem a superficialidade nem o cansaço, sabem mais a fundo de qualquer assunto do que todos os sábios juntos poderão vir a saber. O seu pensamento é mais veloz do que a própria luz, é exato, completo, seguro, sem possibilidade de dúvidas, erros ou indecisões, porque está sempre mergulhado na própria Verdade.

A sua liberdade é perfeita, total — mas nisso os homens não lhes somos inferiores —, porque a liberdade ou se tem ou não se tem, e nós temos absoluta liberdade para fazer o bem e o mal, e somos tão responsáveis como o mais perfeito dos anjos, pelo uso que fazemos dessa liberdade. Vemos no entanto que muitas vezes fazemos mau uso dela, e que outras muitas nos encontramos fracos e vacilantes. E diante disto somos levados a pensar que isso a um anjo não lhe acontece... Mas já aconteceu. Houve um momento em que alguns anjos fizeram mau uso da sua liberdade e ficaram para sempre afastados de Deus. Outros, a maioria, fizeram uma escolha acertada e uniram-se definitivamente ao perpétuo gozo da contemplação do seu Criador.

Com os homens as coisas passaram-se de modo diverso, porque também a nossa natureza é diferente, não somos puros espíritos mas seres compostos de alma e corpo. E foi por isso que houve com o homem uma extraordinária bondade e compreensão da parte de Deus, que teve em conta a inferioridade da natureza humana em relação à do Demônio que induziu os nossos primeiros pais a pecarem no Paraíso. Deus Nosso Senhor prometeu logo nessa altura que libertaria o homem pela Redenção.

Toda a humanidade herdou uma natureza enfraquecida pela culpa original, mas Deus tomou a nossa carne — fez-se igual a nós em tudo, exceto no pecado —, santificou o trabalho e a vida dentro duma família, passou pelo mundo fazendo o bem a todos e depois de ter obedecido sempre, morreu na cruz.

É este o modelo que temos para seguir, o de Cristo. Por isso nos chamamos cristãos. E não só nos chamamos, temos as ajudas necessárias, suficientes, para o sermos.

Assim, apesar de que persista na nossa natureza a marca do pecado original, temos também à nossa disposição, nos Sacramentos, a graça santificante com as virtudes da fé, da esperança e da caridade, que nos tornam participantes já neste mundo, se assim o queremos, da vida de Deus. Temos uma vida inteira para escolher livremente o Céu ou o Inferno. Podemos corresponder à graça de Deus ou rejeitá-la. Temos os nossos anos de vida neste mundo — que serão sempre poucos ainda que sejam muitos —, para nos fazermos santos ou para nos condenarmos para sempre.

Prova dos anjos

Os anjos, tal como o homem, estavam destinados desde a sua criação à mais perfeita relação com Deus. O que de mais excelente tinham na sua natureza — a inteligência e a vontade — inclinava-os ao desejo de conhecer e amar a Deus com todas as energias, encontrando assim o máximo de felicidade. Estavam, porém, destinados a um fim mais alto: à contemplação direta de Deus. Mas nem os anjos nem os homens poderiam chegar a essa visão perfeita sem antes serem submetidos a uma prova; era preciso que se tornassem merecedores do Céu.

Não sabemos qual foi a prova dos anjos. Sabemos que brotou da infinita misericórdia e justiça de Deus, que lhes deu toda a liberdade para se decidirem.

Recordemos aqui que os anjos tiveram sempre uma inteligência claríssima, que não estiveram nunca dominados por paixões nem limitados por qualquer espécie de hesitação ou inconstância da vontade. Abrangiam tudo num só golpe de vista — aplicando-lhes a nossa linguagem humana —, portanto não tinham necessidade de ponderar os prós e os contras; em resumo: não precisavam de tempo para a sua escolha. Pela quantidade de dons que tinham recebido, escolhiam exatamente o que queriam, não tinham possibilidade de arrependimento.

Quando o momento de prova passou, os anjos bons adquiriram a segurança da felicidade eterna, livres para sempre do pecado.

A queda dos outros anjos — os que passaram desde então a chamar-se anjos maus — é sempre uma página da Sagrada Escritura que se lê com o desconsolo que produz a inexplicável desordem do pecado.

Precisamente o anjo que se revoltou primeiro era o mais belo e inteligente de todos os anjos do Céu, era o espírito puro que mais se aproximava de Deus, chamava-se Lúcifer. O seu pecado foi de orgulho, um pecado do espírito. O convencimento da sua própria grandeza levou-o a sentir-se auto-suficiente, igual a Deus e capaz da felicidade eterna só com os recursos naturais, sem o apoio da graça divina. Foi seguido por uma multidão de anjos que com o seu exemplo se perverteram, também por orgulho. Todos pronunciaram o terrível *Non serviam, Não servirei!*

À medida que num ser aumenta o amor-próprio, diminui até desaparecer o amor de Deus e esquece-se mesmo que dEle se depende para tudo; foi o que aconteceu a Lúcifer e aos seus seguidores, que se converteram em Satanás ou Demônio com o seu cortejo de anjos maus, ou diabos.

Depois disso era inevitável o enfraquecimento de todas as possibilidades maravilhosas da sua natureza, que ficou cada vez mais afastada do Amor e por isso concebeu um tremendo e eterno ódio a Deus.

O que podem saber os anjos acerca do homem

Nem o anjo mais elevado e com maior dignidade pode saber os segredos do coração do homem nem penetrar no íntimo dos seus pensamentos. Apesar da sua inteligência tão clara, o anjo não pode saber o que eu em cada momento penso se não lho quiser dizer.

Nesta intimidade da nossa alma somente Deus pode penetrar. O anjo sabe de nós o que continuamente observa um ser que nunca tem necessidade de descansar, sabe tudo o que deduz das nossas atitudes. Pode segredar-nos, sem palavras, conselhos que influam na nossa memória e na nossa imaginação, para bem ou para mal, conforme se trate do nosso Anjo da Guarda ou do nosso inimigo, o Demônio. Podem insistir conosco, incitar-nos, podem dar-nos a sensação de segurança e paz ou ameaçar-nos e aterrorizar-nos, mas no fim somos sempre nós os responsáveis das nossas decisões com o conseguinte mérito ou culpa, porque a nossa inteligência e vontade ficam sempre livres. Só Deus, de quem tudo depende, as pode dominar, como já vimos.

Apesar de anjos só poderem influir em nós indiretamente, não podemos pensar que a sua influência seja pequena e pouco importante. Basta pensar no papel que desempenham na nossa conduta as imagens, sensações e sentimentos. Conhecemos a influência que têm na nossa sensibilidade e como mexem com a imaginação os filmes e a televisão, por exemplo.

Assim, os anjos, através das imagens e sensações que suscitam, podem agitar o espírito humano e despertar recordações de coisas ou pessoas que eles observaram que nos impressionaram para bem, se vêm do nosso anjo amigo e protetor, ou para mal, se são provenientes dum anjo que nos odeia.

Devemos ter em conta que o anjo mau disfarça sempre o mal com certa aparência de bem, porque sabe que o coração humano é atraído pelo que considera um bem, ainda que se engane muitas vezes nessa escolha.

"Confusionismo. — Soube que vacilava a retidão do teu critério. E, para que me entendesses, escrevi-te; o diabo tem a cara muito feia, e, como sabe muito, não se expõe a que lhe vejamos os cornos. Não vem de frente. — Por isso, quantas vezes aparece com disfarce de nobreza e até de espiritualidade!"[6]

Reino do mal

O cristão há de ter idéias claras sobre a realidade da atuação diabólica nos homens e na sociedade, e não deve admirar-se de que algumas vezes triunfe o mal. Temos a segurança de que no fim triunfará o Reino de Deus, disse-o o próprio Jesus Cristo, mas sabemos também que Deus conta para isso com os cristãos. Podia fazer tudo só com a Sua Onipotência; porém, nos seus desígnios, quis servir-se dos homens para corredentores. O homem que reza bem não pode ser prejudicado pelo demônio, porque o seu anjo bom faz recuar o tentador. O demônio nunca pode vencer o nosso Anjo da Guarda mesmo que este pertença a uma categoria angélica inferior, porque o anjo mau, quando se revoltou contra Deus, perdeu o dom da graça, e, embora tenha todas as possibilidades dum puro espírito, são só forças naturais, que não se podem comparar às que vêm de Deus.

Também os homens autosuficientes e orgulhosos caem muitas vezes no erro de se julgarem capazes de praticar o bem só com as próprias forças; outras vezes, acham-se impossibilitados de fazer o que quer que seja de bom, por olharem só para a fraqueza em que ficou a natureza humana, depois do pecado, esquecidos de que, pela Redenção, temos a graça — vida de Cristo em nós pelos Sacramentos e pela oração. Esse excesso de amor de Deus por nós — fazer-se Homem para nos redimir — foi o que desencadeou a maior fúria do demônio e acendeu mais o seu ódio; viu que ficaríamos na posse de dons e graças que ele não tinha nem jamais poderia vir a ter.

Aqui devemos fazer um parêntesis para recordar que o demônio não se arrependeu, nem se arrependerá nunca do que fez, não pode. Escolheu o que quis. Embora isso tudo seja para nós misterioso. Quase seríamos levados — absurda hipótese — a ter pena do demônio, se não acreditássemos firmemente que

[6] J. Escrivá de Balaguer, "Caminho", nº 384.

o procedimento de Deus para com cada um dos seres que só por amor criou brotou sempre da Sua inalterável Bondade e Justíssima Vontade.

Desde o início da história da humanidade que o demônio está presente para nos prejudicar. Tentou os nossos primeiros pais no Paraíso, e desde então nunca mais cessou na luta por impedir que obtenhamos a salvação, incitando-nos à revolta contra os planos divinos, e afligindo-nos com tentações e com toda a espécie de males morais e físicos. Porém, Deus não permite que o demônio nos prejudique tanto como deseja. Dizia Santo Agostinho que "se o demônio pudesse fazer todo o mal que quer, não haveria justos sobre a terra".

O próprio Jesus Cristo foi fortemente tentado pelo demônio no deserto, no princípio da sua vida pública. O inimigo não sabia com segurança que Aquele era o Filho de Deus que encarnava, embora, pela sua clarividência de espírito puro, estivesse bastante desconfiado de que assim era. E, para se certificar, tentou o Senhor.

Conta-nos o Evangelho de São Mateus no capítulo quarto:

"Então Jesus foi conduzido pelo Espírito (Santo) ao deserto para ser tentado pelo demônio. E tendo jejuado quarenta dias e quarenta noites, depois teve fome. E aproximando-se (dele) o tentador, disse-lhe: Se és filho de Deus, dize que estas pedras se convertam em pães. Ele, porém, respondendo-lhe, disse: Está escrito: Não só de pão vive o homem, mas de toda a palavra que sai da boca de Deus". "Nosso Senhor não só rejeita o alimento que o corpo lhe pedia, mas afasta de Si uma incitação maior: a de usar o poder divino para remediar, digamos assim, um problema pessoal".[7]

Também na segunda e na terceira tentação o Senhor disse não ao demônio, dando o sentido exato aos textos da Sagrada Escritura que o inimigo distorcia.

"Então o demônio deixou-o — continua o Evangelho — e eis que os anjos se aproximaram e o serviram."

"Contemplemos um pouco esta intervenção dos Anjos na vida de Jesus, pois assim entenderemos melhor o seu papel — a missão angélica — em toda a vida humana."[8]

Por que necessitamos do Anjo da Guarda

A Igreja, instituindo a festa dos Anjos da Guarda, consagrou

[7] J. Escrivá de Balaguer. "Cristo que passa", nº 61.

[8] J. Escrivá de Balaguer. "Cristo que passa", nº 63.

a doutrina tradicional dos Santos Padres fundamentada em fatos da Sagrada Escritura e apoiada em sólidos motivos.

Pela fraqueza que deixou na nossa natureza o pecado original, pelo qual ficamos desequilibrados e enfermos, e pelo forte desejo que Satanás tem de perder a nossa alma, é arriscado e cheio de perigos o caminho que temos que percorrer durante a vida. Por isso Deus, que na sua Providência e Bondade se serve sempre de criaturas para fazer chegar a Sua ajuda a outras criaturas, deu aos anjos o encargo de protegerem os homens, de os defenderem e libertarem dos ataques e tentações diabólicas.

"Como é grande a dignidade das almas — dizia S. Jerônimo. Desde a sua origem que têm para guardá-las um príncipe celeste para isso destinado."

A Sagrada Escritura oferece-nos testemunhos abundantes da intervenção dos anjos em favor dos homens. Como seria longo citá-los todos, poderíamos fixar-nos nas palavras de Tobias, filho, quando se refere aos favores que o Arcanjo Rafael lhe prestou:

"Meu pai, que galardão lhe daremos nós? Ou que coisa poderá haver proporcionada aos seus benefícios? (...)"

E mais adiante, depois de repetir todos os favores que o Arcanjo lhe fez, Tobias ainda volta a dizer: "Que lhe poderemos nós dar que iguale tais benefícios?".[9]

Os anjos são nossos irmãos na ordem da graça, porque participamos com eles da vida divina, e como eles estamos unidos por Jesus Cristo a Deus. Interessam-se muito pela nossa salvação e, segundo afirma um autor espiritual, desejam que preenchamos os lugares que ficaram vagos pela queda dos anjos rebeldes.

Os primeiros cristãos tinham muito presente a presença diabólica da sua ação de violento ódio a Deus e portanto à Igreja e a cada cristão filho de Deus. Do mesmo modo que acreditavam com a maior simplicidade nos serviços que nos presta o Anjo da Guarda. Vê-se isto claramente nos escritos dos nossos irmãos da primeira hora, e concretamente em passagens do Novo Testamento.

No capítulo 12 dos Atos dos Apóstolos, escrito por S. Lucas, é-nos contada a nova perseguição desencadeada pelo rei Herodes contra alguns membros da Igreja. Matou à espada Tiago, irmão de João. Depois, por ver que isso agradava aos judeus, mandou prender Pedro, que ficou guardado por quatro piquetes de quatro soldados cada um.

"Pedro, pois, estava assim

[9] Tobias, 12, 2.

guardado no cárcere. Entretanto, a Igreja fazia sem cessar oração a Deus por ele. (...) Pedro dormia entre dois soldados, ligado com duas cadeias; e os guardas à porta vigiavam a prisão. De repente sobreveio um anjo do Senhor, e resplandeceu uma luz no aposento; e batendo no lado de Pedro, o despertou, dizendo: Levanta-te depressa. E caíram as cadeias das suas mãos. O anjo disse-lhe: Toma o teu cinto e calça as tuas sandálias. Ele assim fez. E disse-lhe: Põe sobre ti a tua capa, e segue-me". Passaram todas as guardas, a porta de ferro da cidade, e depois o anjo afastou-se.

"Então, Pedro, voltando a si disse: Agora sei verdadeiramente que o Senhor mandou o seu anjo, e me livrou (...)". "Depois de um momento de reflexão, foi à casa de Maria, mãe de João (...). Tendo ele batido à porta de entrada, uma donzela, chamada Rode, foi escutar; e, logo que reconheceu a voz de Pedro, com a alegria não abriu (logo) a porta, mas, correndo dentro, deu a nova de que Pedro estava à porta. Eles, porém, disseram-lhe: Estás louca. Mas ela afirmava que era assim. Eles diziam: É o seu anjo"[10]. Daqui se depreende a familiaridade que tinham os primeiros cristãos com os seus anjos, porque com toda a naturalidade falam logo do Anjo da Guarda de Pedro; aliás pode pensar-se — é pura hipótese — que noutros escritos também se vislumbra que o Anjo da Guarda de cada pessoa possa ter afinidades com ela (afinidades espirituais, certamente, porque os anjos não têm corpo) mas isso até poderia levar a que ao tomarem figura humana, a voz, por exemplo, fosse parecida à da pessoa que o anjo custodia.

Devíamos sentir-nos envergonhados de que nunca tivéssemos refletido bastante sobre esta realidade maravilhosa de termos um anjo sempre a guardar-nos.

"Porventura não são todos estes espíritos uns ministros (de Deus), enviados para exercer o seu ministério a favor daqueles que hão de receber a herança da salvação?"[11]

Quem se interessará mais por nós, depois de Deus e da Santíssima Virgem, do que o nosso Anjo da Guarda? Temo-lo ao nosso lado durante as vinte e quatro horas do dia. Toma parte na nossa vida diária e está sempre disposto a desviar-nos dos caminhos do mal, a prevenir-nos de perigos para a alma e para o corpo. Quando nos vê

[10] Actos dos Apóstolos, 12, 1-15.

[11] Epístola aos Hebreus, 1, 14.

inquietos inspira-nos confiança no Senhor e na ternura maternal de Maria Santíssima, consola-nos e enche-nos o coração de paz e alegria. Estende-nos as mãos nos momentos difíceis. Abre diante de nós horas de felicidade e dispõe os acontecimentos de modo que nos ajudem. Mesmo que nos enredemos no mal e nos furtemos à ajuda que o nosso anjo nos quer oferecer, ele esforça-se por conseguir o que pretende: lança mão das orações e sacrifícios de muitas almas para fazer despertar na nossa consciência o estímulo do remorso. Só no Céu é que saberemos bem os serviços que o nosso anjo nos presta.

Quando o homem peca, e perde a ajuda da graça, Deus fica fora de nós, mas o nosso Anjo da Guarda não nos abandona, embora nessa altura deixemos de sentir as suas inspirações, porque ao perder a graça ficamos surdos e insensíveis a todas as influências espirituais boas. O anjo mantém-se sempre o nosso mais sincero e melhor amigo, mesmo quando procedemos mal. É que o anjo ama-nos porque Deus nos ama, portanto com um amor cheio de ternura e de participação no amor do nosso Pai Deus. A solidão nunca deveria pesar sobre quem sabe que Deus está tão perto dos seus filhos, e que nos deu um anjo como companheiro fiel e inseparável.

Os anjos estão conosco, mas não estão em nós; dentro de nós só pode estar Deus. O que os anjos pretendem, com todos os seus cuidados e desvelos, é que nos unamos cada vez mais a Deus, a quem eles estão unidos.

As nossas desgraças e infortúnios não entristecem o nosso anjo, porque não pode perder a alegria quem está sempre a contemplar a Deus. No entanto, não fica indiferente ao nosso mal; o que acontece é que, participando, de certo modo, da Ciência de Deus, o anjo vê os nossos maus momentos ocupando o seu devido lugar no conjunto da nossa vida, e em proporção com a eternidade.

Quando rezamos, quando trabalhamos, e quando, ao conviver, procuramos servir a todos com alegria, embora às vezes encontremos dificuldades, e tenhamos a experiência de que tropeçarmos e até cairmos, vejamos sempre ao nosso lado o Anjo da Guarda que nos sorri, que nos compreende do modo mais semelhante à Nossa Mãe, Nossa Senhora, e à compreensão perfeita do nosso Pai Deus.

Habituemo-nos a meter o nosso anjo em cada um dos nossos assuntos: na oração devemos sempre invocá-lo porque é ele que oferece as nossas orações a Deus. Ao prepararmo-nos para receber cada um dos Sacramentos, peçamos-lhe que nos ajude e nos disponha para tirar deles o maior proveito.

O Santo Cura d'Ars falava da alegria que sentiam os anjos ao verem os seus protegidos abeiraram-se da Sagrada Comunhão. Dizia que quando uma alma entra no Paraíso depois de ter recebido Jesus Sacramentado, ela aumenta a alegria no Céu; os Anjos e a sua Rainha saem-lhe ao encontro.

Mas não reservemos os anjos só para esses momentos mais solenes, metamo-los nos nossos afazeres, e nas pequenas ou grandes dificuldades quotidianas, nos nossos assuntos ordinários do dia-a-dia.

E na nossa obrigação, como cristãos, de aconselhar, corrigir, consolar, em resumo de ajudar as pessoas que nos rodeiam a que caminhem melhor e mais depressa para Deus, a que sejam santos, os Anjos da Guarda são sempre grandes cúmplices. Há muitas pessoas que têm experiências concretas nesse campo; para tê-las, basta começar a invocá-los. Se eu digo ao meu anjo que se ponha de acordo com o anjo doutra pessoa, pela qual já estou a rezar e a sacrificar-me, que grande ajuda não se vem somar! Depois disto, como será fácil acertar com a palavra exata para lhe dizer, com o momento oportuno para fazê-la descobrir que tem muitas energias para empregar, e que há muitas coisas para fazer, muitas pessoas à espera de que se lhes fale de Deus, e tantas crianças que não sabem os rudimentos da fé... e também tantos adultos que falam e afirmam coisas sobre a Igreja sem terem a suficiente preparação doutrinal. Há tanto que fazer, houve sempre, continua a haver, e os anjos com tanto poder e tanto desejo de empregá-lo, e quão pouco os aproveitamos!

A guarda de cada nação pelo seu anjo

A guarda de cada nação pelo seu anjo é doutrina que nos alegra e da qual nunca duvidaram os que estudam a Sagrada Escritura nem os Padres e Doutores da Igreja. São Francisco Xavier, que tinha nessa doutrina as suas esperanças de evangelização do Japão, escrevia aos seus irmãos de Goa:

"Vivo com a enorme esperança de que Deus me concederá a graça da conversão deste país, porque desconfiado de mim mesmo, pus toda a confiança em Jesus Cristo, na Santíssima Virgem sua Mãe e nos nove coros de Anjos de entre os quais escolhi para protetor o Príncipe e Campeão da Igreja Militante, S. Miguel. Muito espero deste Arcanjo a cujo particular desvelo foi confiado este grande reino do Japão. Todos os dias a ele me encomendo de modo particular assim como a todos os Anjos da Guarda dos japoneses."[12]

E nós, portugueses,* não temos testemunhas ainda mais recentes da aparição e das palavras do nosso Anjo, em Fátima?

Assim foi resumido o que contaram os três pastorinhos:

"Na primavera de 1916, os videntes conduziram o rebanho para o sítio da Loca do Cabeço. Surpreendidos pela chuva, acolheram-se a uma espécie de gruta, ou lapa, onde merendaram e rezaram o terço, como era seu costume. De repente, uma nuvem mais branca do que a neve, com a forma dum vulto brilhante como o cristal atravessado pelos raios do sol, apareceu-lhes por sobre os ramos do arvoredo, lá ao longe. À medida que para eles vinha caminhando, mais se distinguiam as formas, até que, já bem junto deles, os videntes ouviram estas palavras: "Não vos assusteis; eu sou o Anjo da Paz. Orai comigo"[13]. Ajoelhou então na terra, curvou a fronte rente ao chão e rezou por três vezes: "Meu Deus, eu creio, adoro, espero e amo-Vos; peço-Vos perdão para os que não crêem, não adoram, não esperam e não Vos amam".

Os videntes ajoelharam (imitando o Anjo), curvaram-se por terra e foram repetindo a oração. Depois o Anjo levantou-se e disse: "Rezai assim; os Corações de Jesus e Maria estão atentos às vossas súplicas" e desapareceu.

Alguns meses mais tarde, aí por agosto, num dia de calor e à hora da sesta, de novo lhes aparece o Anjo quando os pequenos brincavam junto do poço, no quintal dos pais de Lúcia. "Que fazeis?... Orai, orai muito". Revelou-lhes que Jesus e Maria os haviam escolhido para a realização dos seus desígnios misericordiosos; recomendou-lhes orações e sacrifícios em espírito de reparação, acrescentando: esforçai-vos por alcançar a paz para Portugal; eu sou o seu Anjo da Guarda".

Assim, ficamos mais certos ainda de que existe um Anjo da Guarda de Portugal, e que apareceu em Fátima.

Considero estas linhas sem terminar: cada um de nós irá *escrevendo*, mesmo sem necessidade de o pôr por escrito, as suas experiências de filho de Deus acompanhado pelo seu Anjo da Guarda.

"Como o Rei dos Céus quis tomar a nossa carne terrena, os anjos já não se afastam da nossa miséria. Não se atrevem a considerar inferior à sua esta natu-

*Este texto foi publicado originalmente em Portugal.(N. do ed.)

[12]"L'Ora degji Angeli, Giovani P. Sena.

[13] "As maravilhas de Fátima", L. Gonzaga Fonseca.

reza que adoram, vendo-a exaltada acima deles, na pessoa do Rei do Céu; e não sentem já inconveniente em considerar o homem como companheiro."[14]

* * *

Orações ao Anjo da Guarda:

Santo Anjo do Senhor, meu zeloso guardador, pois a ti me confiou a piedade divina, hoje e sempre me governa, rege, guarda e ilumina. Amém.

Anjo da Guarda, minha companhia, guardai a minha alma de noite e de dia.

---

[14] J. Escrivá de Balaguer, *"Cristo que passa"*, nº 187.

OS ANJOS —
ESPÍRITOS
PROTETORES
Penny McLean
Formato: 14 x 21
128 páginas
Editora Pensamento
Tel.: (011) 272-1399
São Paulo
(Ver pág. 117)

Nossos Protetores do Espaço

PENNY MCLEAN

Fico cada vez mais irritada com a ignorância e a presunção das pessoas que negam veementemente a existência de OVNIs (Objetos Voadores Não Identificados). Elas agem assim não por desconhecerem o assunto, mas, geralmente, porque têm medo de perder sua credibilidade perante as pessoas, se tornarem públicas as suas experiências. As informações que obtive de membros da C.I.A. (serviço secreto norte-americano) são de que o material que eles dispõem sobre esse assunto é tão vasto que poderíamos cobrir vários quilômetros de uma rodovia se colocássemos uma pasta ao lado da outra. Quando perguntei por que essas informações nunca haviam se tornado de conhecimento do público, recebi a resposta de sempre: Não queremos assustar as pessoas.

Não sei quantas pessoas já viram OVNIs ou fizeram algum tipo de contato com seus tripulantes. Quando essas pessoas resolvem contar suas experiências são tão ridicularizadas pelos ignorantes e supostos "donos da verdade" (qual verdade?) que nem sequer pensarão em contar sua história novamente. O mesmo acontece quando se consegue um documento fotográfico. Ele vai ser interpretado como uma montagem e, novamente, escondido nos arquivos do esquecimento.

Foi o que aconteceu com um material fotográfico excelente sobre OVNIs feito por Billy Eduard Meier, que regristrara o pouso de uma nave num prado, pouco distante de sua fazenda em Schmidrüti, na Suíça. Billy não é um fotógrafo muito talentoso, nem o tipo de pessoa que pensaria em ganhar dinheiro com a publicação de suas fotos. Entretanto, foi tão atacado e difamado por causa de suas fotos que esse assunto rendeu muito. Em 1988, uma revista muito bem conceituada publicou um artigo que chamava a atenção pelo seu título: "Existe vida no espaço", em que jornalistas bem informados afirmavam que os OVNIs que apareciam nas fotos de Billy Meier não passavam de miniaturas penduradas por barbantes e distribuídas ao longo do terreno.

Ainda bem que Billy parece ser insensível a esse tipo de agressão. Ele *precisa* ser assim.

Conheço o material que ele obteve. Consiste de *slides*, gravações e fotografias coloridas, com alguns arranhões e manchas feitas por patas de gato e pés de criança (ele uma vez esqueceu as fotos no chão da cozinha). É bastante significativo o "fanatismo" com que esse homem e seus colaboradores lutam por uma publicação desse material.

Se Billy tivesse, realmente, pendurado os seus OVNIs com barbante, ele estaria até hoje procurando os lugares mais bonitos da floresta suíça para pendurar tais miniaturas. Nesse caso, ele precisaria, antes de mais nada, ser especialista em truques fotográficos. Um dia, enquanto um dos "OVNIs de Billy" se divertia no céu, um caça da Força Aérea suíça detectou a sua presença e registrou a sua perseguição. As fotografias, tiradas a cada segundo, revelavam a irritação do piloto, que não sabia como lidar com aquele tipo de energia no meio da qual se encontrava, deslocandose de sua rota constantemente.

Foi uma demonstração notável de reflexo conseguir desviar de todas aquelas miniaturas penduradas no céu! Brincadeiras à parte, retomemos o assunto, pois ele é sério.

Não pretendo prolongar o assunto sobre Billy Meier e suas experiências com OVNIs, nem sobre as conclusões desse piloto. Eu gostaria de falar sobre minha experiência pessoal.

Não! Não é preciso ficar com medo; eu nunca vi um OVNI. Minha experiência foi diferente. Ela é tão importante que vou contar a vocês, mesmo que isso comprometa a minha saúde espiritual.

Nunca tive uma opinião muito precisa no que diz respeito a OVNIs. Por um lado, eu achava que tudo não passava de um processo de alucinação coletiva, mas, por outro lado, eu tinha absoluta certeza de que esse tipo de coisa realmente existia.

Em 1988, assisti a uma palestra proferida por um dos colaboradores de Billy Meier. Os *slides* então exibidos eu achei muito mais que impressionantes. Contudo, o que realmente me impressionou foi o fato de que os modelos de OVNIs e seus tripulantes não me impressionaram nem um pouco; pelo contrário, eles me pareceram até um tanto antiquados. Numa sessão posterior, o palestrista disse — para meu espanto — que os modelos que haviam sido exibidos eram os mais antigos. Bem no fundo, eu tinha a sensação de já ter visto tudo aquilo, só que bem mais de perto.

Foi entre o Natal e o início de janeiro de 1987. Eu estava sentada no meu velho sofá, assistindo televisão. As pessoas que já tiveram a oportunidade de fazer algum tipo de contato mental vão me entender bem quando eu contar o que aconteceu.

De repente, comecei a sentir uma tontura e um tipo de agitação na sala onde eu estava, o que é uma situação típica de elevação do nível de energia num ambiente antes de um contato ou de uma mensagem. Minha intenção era a de trabalhar um pouco menos nesse dia, mas fui até a mesa, peguei minha prancheta e coloquei o meu pêndulo de cristal sobre ela. O pêndulo oscilou com tanta velocidade e sincronismo que até fiquei assustada. O texto que apresento a seguir foi redigido utilizando as mesmas palavras do diálogo:

Boa noite, Meu nome é Upasu.

(Ah-ah!, pensei; finalmente alguma coisa nova. Pelo menos é alguém que tem uma energia pura e expressiva. Eu disse: Boa noite, Upasu, você vem de qual dimensão?)

Estou 4.000 milhas acima de você, na nossa base.

(Um momento, pensei. Que base? Desde quando os espíritos vivem em bases? Resolvi perguntar com um certo cuidado, a gente nunca sabe... A que tipo de base você se refere?)

Refiro-me a uma das nossas bases espaciais.

(Minha razão aconselhou-me a dizer "não, muito obrigada", mas eu continuei a perguntar: Como é essa base espacial?)

É uma estação com mais ou menos 24 quilômetros de extensão.

(Deixei meu pêndulo de lado, disposta a enfrentar qualquer coisa. Se ele é um espírito brincalhão — pensei — eu tenho conhecimento suficiente para descobrir, ou então estou numa situação completamente nova para mim, isto é, entrando em contato com um extraterrestre. Essa me pareceu a melhor explicação. Tomei coragem e perguntei: Você tem sobrenome?)

Sim, meu nome completo é

Upasu Arasatha, filho de Atarsatha.

(De onde você vem?)

Venho das Plêiades. Eu sou o Tagurer de Sorxerma. Tenho uma esposa e o nome dela é Adaga.*

(O que você faz nessa estação espacial e quem mais está com você?)

Eu sou o comandante e tenho um co-piloto, uma mulher que se chama Mubasa. Essa estação é como uma colônia equipada com tudo aquilo de que precisamos para a nossa subsistência. A estação também é uma expressão da nossa expansão espiritual, assim como é um monumento e serve de advertência aos inimigos.

(Por que nossos radares não conseguem captar vocês? Acho que eles alcançam 4.000 milhas, não?)

Normalmente sim, mas nossa estação é protegida por um escudo cuja consistência é um fluxo constante de hiperenergia.

(Ai, meus conhecimentos de física...!! Ter de ouvir tudo de novo e não conseguir entender nada! Como atua essa hiperenergia?)

Imagine uma hélice girando a toda velocidade. O que você consegue ver?

(Nada.)

* Grupo de sete estrelas situadas no norte celeste, na constelação de Touro.

É assim que age a hiperenergia. Ela acelera a movimentação das partículas de tal forma que é impossível à visão humana discernir o contorno da matéria, mesmo utilizando qualquer tipo de instrumento que vocês conhecem.

(Se ele é um espírito brincalhão, está se comportando de forma extremamente austera — pensei. Continuei a conversa: Que língua vocês falam? Como se diz, por exemplo... bom dia, na sua língua?)

Falamos uma língua que você certamente não conhece, mas que já foi falada na Terra quando tínhamos aí nossas colônias. Isso foi há milhares de anos. Bom dia nós dizemos "Elado", que corresponde mais ou menos ao seu "Bem-vindo". Até logo em nosso idioma é "Tomu bel". Não lhe parece familiar?

(Sim, concordei, e fiquei analisando a vibração dessas palavras que, realmente, não eram estranhas para mim. Por que vocês entraram em contato comigo?)

Porque eu vou estar aí com você em dez minutos. Deite-se no sofá.

Achei que isso já era um pouco demais. Pensei, então: qual o problema de surgir um habitante das Plêiades perto da minha árvore de Natal? Por que não? Fui até o quarto e peguei um cobertor para me proteger do frio, caso se formasse alguma neblina, e me deitei no sofá aguardando ansiosamente a chegada anunciada anteriormente. Nossa! Um habitante das Plêiades na minha modesta casa!

Fiquei deitada e os minutos foram passando, cinco, dez minutos, meia hora, mais outros minutos... Penny, disse comigo mesma, você foi ludibriada de novo. Plêiades? Há, há, há!!

Eu estava dobrando o cobertor para levá-lo de volta ao quarto quando tudo aconteceu.

Meu coração disparou, minha visão ficou turva, mas subitamente consegui enxergar tudo. Eu estava totalmente consciente. Levantei-me do sofá e fiquei olhando, deslumbrada, aquilo em que a minha sala havia se transformado. Minhas plantas pareciam feitas de vidro puro, cheias de espirais e tubos, que vibravam e pulsavam e tinham uma cor que eu nunca vira antes. Dirigi-me à mesinha que fica ao lado do sofá e passei através dela. A única sensação que tive ao atravessá-la foi a de um calor agradável. Fui até minha estante inglesa e passei a mão através dos livros. Tive a mesma sensação agradável de calor. Vireime e fui em direção às plantas; eu já estava dentro delas, em meio a uma sinfonia de cores, de calor e de sons quase silenciosos. Foi simplesmente indescritível! Dirigi-me à janela e, no instante em que ia tentar atravessar a porta da varanda, fui tomada de um medo que me tirou o fôlego. Fui atirada de volta ao sofá como se tivesse sido lançada por uma catapulta. Meu coração começou a retomar seu batimento normal e em pouco tempo minha visão começou a se restabelecer. Só então a situação se normalizou.

Corri até a mesa e coloquei o pêndulo sobre mim.

(O que havia acontecido?)

Foi uma transmissão mental de energia humana. Está relacionada com a hiperenergia.

Minha primeira atitude foi a de pegar o telefone e ligar para um psicólogo amigo meu.

"Olha", ele disse, "seria bem mais fácil de explicar o que aconteceu se você tivesse usado LSD." Eu não tinha nem aspirina em casa. A única coisa que sei a respeito de drogas é dos comentários que ouvi sobre o assunto. "Talvez", ele continuou, "pudéssemos explicar o fato de outra maneira se você tivesse sofrido hiperventilação antes de tudo acontecer sem fazer qualquer tipo de preparação, nem de auto-sugestão. (Lembrem-se de que isso começou a acontecer quando eu começava a dobrar o cobertor; portanto, não houve nenhuma hipnose.) Não sei explicar o que houve."

Em seguida, liguei para um filósofo especializado em línguas arcaicas e mencionei os nomes e as palavras que eu tinha ouvido.

"Não, não conheço a origem dessas palavras", ele disse, "o que eu posso afirmar é que elas se parecem muito com uma língua primitiva da região do Mediterrâneo."

Não consegui dormir direito por quatro dias e as minhas regras atrasaram seis dias, o que nunca havia acontecido antes.

Consegui entrar em contato com Upasu outras vezes, mas não passei mais por essa experiência de transmissão de energia.

A parte mais importante desses contatos foram as mensagens de Upasu e Mubasa. Vou tentar proceder como nos diálogos com os Espíritos Protetores, ou seja, evitar as perguntas e respostas e fazer um resumo do que foi dito. Ocorreram cinco contatos, sendo que duas conversas que tivemos foram as mais longas e detalhadas.

Receba os nossos cumprimentos.

Nós só conseguimos entrar em contato com você porque você é capaz de sintonizar a freqüência correta para permitir a manifestação das nossas energias mentais.

Não faz sentido você querer transmitir sua experiência e o seu conhecimento às pessoas que não estão preparadas e não são capazes de receber o tipo de mensagem que estamos enviando. É preciso ter um grau de maturidade elevado e uma memória bem desenvolvida para alcançar essa dimensão, pois muitas pessoas encarnadas na Terra são provenientes de outro sistema solar.

Nesse sistema existem doze planetas. O planeta em que vocês vivem foi o penúltimo a ser criado. Esse planeta não é o único a ser habitado. O que acontece é que as formas de vida existentes nos outros planetas se adaptaram às condições existentes em cada planeta e a percepção humana não consegue distinguir essas formas.

Nós, habitantes das Plêiades, temos um corpo bem semelhante ao de vocês. Fomos submetidos ao mesmo processo da criação; por isso é que a nossa forma física é parecida com a do corpo humano. Nossa fauna e flora também são bastante semelhantes.

Estamos alguns milhares de anos mais evoluídos que vocês. Poderíamos ajudar vocês, e muito, mas agindo assim estaríamos interferindo no processo natural de amadurecimento e evolução pelo qual vocês têm de passar. Assim, nos limitamos a ajudá-los anonimamente. Temos nos esforçado bastante no sentido de dar força a vocês para que possam recuperar o seu equilíbrio.

Vocês não conseguiriam sobreviver por muito tempo sob os efeitos da radioatividade se não recebessem ajuda externa.

Não, nós não somos os únicos que ajudam vocês.

Os outros planetas são mais evoluídos que o de vocês, e alguns até mais que o nosso. Alguns desses povos enviam o que vocês chamam de OVNIs para recolher material da Terra a fim de que se possa verificar a que ponto chegou o processo de destruição irrefletida e egoísta que vocês praticam. Eles recolhem terra, água, plantas e até material celular humano para exame.

As histórias sobre "raptos" são verdadeiras. Foram necessárias para a obtenção do material de pesquisa: tecido cutâneo e medular.

Através disso, sabemos que a decomposição celular decorrente da exposição à radioatividade é muito maior do que vocês imaginam. O sistema imunológico de vocês está cada vez mais instável. Por isso têm surgido tantas doenças desconhecidas.

Tendo em vista que vocês continuam a lidar desordenadamente com a hiperenergia, devemos dizer que isso representa uma ruptura do equilíbrio energético do espaço; por isso enviamos os OVNIs com o único objetivo de fornecer algum tipo de material que possa servir de ajuda. É por isso que, depois das visitas que fazemos à Terra, ocorre um longo período de tranqüilidade para vocês.

Existem três pontos de apoio na Terra para os quais sempre nos dirigimos em determinadas épocas. O primeiro deles fica na Rússia, o segundo na Suíça e o terceiro na América do Sul.

Vocês só conseguem ver os OVNIs se o escudo de proteção que os envolve como uma esfera for retirado. Só assim eles podem ser fotografados.

Ajudamos vocês porque vivemos segundo a lei do amor ao próximo e a praticamos. Muitos dos encontros que acontecem entre nós e os humanos não foram levados ao conhecimento do público, pois considerou-se mais prudente agir dessa maneira.

Essa atitude foi tomada em consideração às pessoas envolvidas e no que diz respeito à maturidade daqueles que os cercam. Ainda mantemos contato com algumas pessoas, assim como fazemos com você, mas também de uma outra forma mais elaborada. Refiro-me à transmissão telepática.

Muitas dessas pessoas com quem mantemos contato são oriundas das Plêiades e encarnaram na Terra para que pu-

dessem servir de contato direto conosco. Pode-se dizer que elas são os nossos agentes. Muitas dessas pessoas conhecem a sua origem e outras têm apenas uma leve impressão a respeito de onde vieram e se sentem motivadas, por essa sensação, a se unirem àqueles que "conhecem" a sua origem. Dessa forma, vão se criando grupos.

Sim, esses grupos, num sentido mais amplo, estão relacionados com os grupos espirituais dos quais você recebeu ensinamentos. Eles se formaram instintivamente. Sua hierarquia é semelhante àquela do âmbito espiritual, como você descreveu a mim.

São grupos que trabalham em silêncio e não tentam forçar ninguém a aderir aos seus princípios. Eles não se apresentam aos humanos como extraterrestres desejosos de estabelecer contato; pelo contrário, enviam sinais específicos que podem ser captados e empregados pelas pessoas cuja maturidade tenha atingido um certo grau de desenvolvimento e que se sentem dispostas a fazê-lo.

Você mesma já recebeu esses sinais várias vezes, mas não demonstrou nenhuma reação. Fique bem atenta, principalmente aos sinais que vêm de Zurique e de Viena.

A captação dos sinais da "União do Amor" é limitada àqueles que estão dispostos a colaborar de forma madura e que realmente podem ajudar o semelhante. Uma vez que o colaborador atua de forma voluntária e sem pensar apenas em si, é preciso somente compreender a necessidade de realizar sua tarefa. Não, isso nada tem que ver com as seitas. Nós rejeitamos qualquer tipo de organização religiosa. Isso é tudo obra do homem e não traz benefício nenhum.

É importante compreender o significado dessa missão e nunca se afastar dela durante a vida. Muitos já entendem isso, mas ainda existem pessoas que precisam compreender o sentido real dessa tarefa. Essas pessoas precisam da ajuda dos nossos "agentes". Antes, porém, precisam concordar com a necessidade dessa ajuda, pois esta nunca lhe será imposta. Por isso, também, não faz o menor sentido tentar convencer a opinião pública, a todo custo, da existência dos OVNIs. As pessoas certas já adquiriram esse conhecimento há muito tempo.

(Existem forças interessadas na destruição da Terra?)

Existem forças interessadas em dominar todo o sistema solar. Trata-se de uma disputa pelo poder, cuja dimensão você nem pode imaginar. Vocês estão à mercê desses inimigos exatamente pelo fato de a Terra ser o ponto mais vulnerável do sistema solar.

Mesmo nesse caso estamos preparados para ajudar, pois vocês não conseguiriam se defender sozinhos da força desses inimigos.

Eles não usam bombas nucleares, mas substâncias que destroem o cérebro e as células do corpo. O planeta vai ser usado por causa do equilíbrio do sistema. É por isso que essas forças desejam preservar o planeta ao mesmo tempo em que querem se livrar de seus habitantes. Mas não tenham medo. A proteção que vocês têm é muito forte.

É muito importante que vocês se mantenham no rumo certo. Se enfraquecerem, ninguém poderá ajudá-los, pois vocês não terão mais capacidade de reagir, isto é, de sobreviver. Vocês devem refletir bastante e perceber que são os criadores da sua própria destruição.

(Ouvi falar a respeito do chefe de uma frota espacial chamado Ashtar. Ele existe mesmo ou é invenção das pessoas?)

Não é invenção. Ashtar é o comandante de uma frota espacial cuja base está localizada no sistema Alfa-Centauro. Nós mantemos uma relação científica e econômica com os habitantes desse sistema. Infelizmente, algumas forças que agem em grupos utilizam o nome de Ashtar para tentar fazer contato com extraterrestres.

(Como podemos diferenciar o verdadeiro Ashtar do falso?)

Para o iniciado, a maneira mais fácil de identificar o mentor do discurso é pela qualidade da sua mensagem. Ashtar está em contato com as leis superiores. Aqueles que abusam do seu nome não sabem o que estão fazendo.

Se vocês conseguissem diminuir um pouco a sua avidez pelo poder, conseguiriam reunir todos os grupos para um contato; poderiam trocar informações e comparar suas declarações.

As práticas pouco lúcidas nesse setor são não só infantis como demonstram imaturidade, além do que são extremamente perigosas, pois os inimigos podem tentar impor suas idéias destrutivas aos membros de grupos que não sabem o que estão fazendo.

Quando um desses inimigos consegue dominar um cérebro humano, ele pode utilizar esse centro de energia para a realização de seus desejos, como bem entender. Por esse motivo, seria extremamente importante orientar os grupos que estabelecem seus contatos no que diz respeito a determinados princípios. Muitos se deixam usar e não têm a menor idéia acerca da energia a que estão servindo e da culpa que lhes cabe pela sua "boa vontade".

É muito importante infor-

mar aos homens que todo aquele que se dedica a orientar outras pessoas sem ter o preparo e o amadurecimento suficientes terá de responder por essa transgressão. O contato com entidades invisíveis só pode ser feito sob a orientação de um mestre ou de pessoas espiritualizadas e puras. Caso contrário, uma pessoa leiga poderá servir como catalisadora de energias negativas e, sem saber, disseminá-las ao seu redor, causando doenças e desgraças.

Além disso, é preciso fazer com que os homens parem de se reunir em torno de seitas e organizações religiosas. Toda seita tem um chefe que, sendo imperfeito, abusa do seu poder de chefe por supor que detém a força. Não existe, atualmente, nenhum mestre que, como Cristo, possa congregar pessoas em torno de si. Toda pessoa que se alia a uma seita restringe a sua liberdade de pensamento e limita o seu livre-arbítrio. Vocês devem viver a lei do amor e da vontade divina, livres e independentes. Isso pode ser alcançado através da ajuda mútua e da troca de experiências. Mas não criem organizações, pois elas se fundamentam no poder e, do poder surge o fanatismo, que é o pior inimigo do livre-arbítrio e do amor.

(Vocês não têm religião?)

Religião significa organização. Vivemos a lei do cosmos. Cada um por si e pela comunidade.

(Vocês têm leis?)

Naturalmente. Toda comunidade precisa de regras que sejam respeitadas por todos e que lhe sejam úteis. Toda falta será punida.

(Existe pena de morte entre vocês?)

Não. Só as pessoas que conseguem viver podem aprender o que a vida significa. Quando vocês entrarem na Era de Aquário, não haverá mais pena de morte. A Era de Aquário trará uma elevação do campo vibracional de todo o seu planeta. Essa vibração elevada também se faz sentir entre nós, habitantes deste outro planeta. As pessoas que não procurarem evoluir espiritualmente segundo as leis superiores, assim como Jesus o fez, não poderão viver nem conseguirão encarnar nessa vibração superior. A era de Aquário proporciona o prolongamento de uma evolução coletiva. Todas as pessoas que, por comodismo, se esquivaram dessa evolução e de suas exigências estarão buscando sua própria destruição.

(Como será essa destruição?)

Essas pessoas não conseguirão superar certos acontecimentos que são iminentes no planeta. A qualidade do seu pensamento é o que torna o homem mais resistente a certas influências; a resistência física é ape-

nas uma aparência.

Todos os que conhecem esse assunto têm o dever de esclarecer e orientar o seu semelhante, com amor e serenidade. Não pergunte como nós somos nem o que fazemos. Cumpra o seu dever com o seu semelhante.

Nós amamos vocês.

Não posso dizer que essas declarações me tranqüilizaram, nem que me deixaram feliz. Parece que em todo o sistema solar todos sabem da profunda mudança que está para acontecer no nosso planeta. Só nós é que não sabemos disso.

Li em vários livros e ouvi de vários médiuns que a catástrofe no nosso planeta é iminente. Ao que parece, isso vai acontecer a partir da ruptura da calota polar, ou provocado pelo impacto de um meteoro gigantesco com a Terra.

Pessoalmente, eu não acredito em mudanças desse porte. Acho que essas modificações, como disse o habitante das Plêiades, vão ocorrer numa outra dimensão mas que, nem por isso, serão menos rigorosas ou causarão menos impacto.

Tenho a certeza de que enquanto nossos líderes políticos não resolverem parar com a estupidez das experiências atômicas estamos fadados a uma catástrofe, inexoravelmente. Só que para se tornarem líderes eles precisam do nosso apoio.

Precisamos nos reunir não em organizações, mas em torno de um ideal comum, que é o de impedir o abuso da energia nuclear. Todos os que têm filhos ou que vão ter filhos serão culpados por tê-los gerado, porquanto se negaram a lutar contra o abuso da energia nuclear, assim como serão responsáveis pelos danos causados à Terra que lhes serve de morada.

Por fim, eu gostaria de dizer que espero ter despertado em você o desejo de manter uma conversação amigável com o seu Espírito Protetor. Assim, ao reconhecer que essas entidades são os intermediários de energias superiores, é preciso deixar bem claro que estamos tratando aqui do bem-estar comum e não de como superar nossos problemas pessoais.

Não se trata de atingir uma expansão da consciência pessoal mas, sobretudo, de disseminar o conceito de Consciência na comunidade. E por comunidade não entendo só o nosso semelhante, mas também a Natureza e tudo o que existe à nossa volta. A era de Aquário também exige de nós o desenvolvimento de uma conscientização ecológica mais sutil.

Também não temos muito tempo para ficar discursando sobre a transcendência do Eu na consciência do grupo.

Se não conseguirmos compreender a enormidade do nosso sistema, podemos ao menos imaginar a sua grandeza. Devemos ter sempre em mente a realização da nossa missão e a concretização das tarefas que assumimos ao nascer. Tudo isso está contido nos Dez Mandamentos e resumido, claramente, na frase "Ama o Teu Próximo".

Já abordei esse tema no meu último livro, mas eu gostaria de retomá-lo para finalizar este trabalho (e para reforçar o conceito): O pior subterfúgio e a desculpa mais execrável que pode existir é a do tipo "O que eu posso fazer, na minha reles insignificância? Sou apenas um grão de areia nas praias..." Existiram muitos grãos de areia na nossa história que modificaram todo um sistema. Quanto mais os grãos se juntam, maior se torna a área coberta por eles.

Essa união só é útil quando o objetivo a ser cumprido é bem claro.

Quem conseguiu entender que todo tipo de inteligência inferior se alimenta de nossos sentimentos negativos e destrutivos já deve ter a sua resposta no coração.

Repito a frase para que ela não se desvaneça e para que sirva como encerramento deste livro, cuja intenção foi este pensamento:

"Não tenha medo: ame!"

PERGUNTE AO SEU ANJO
Alma Daniel, Timothy Wyllie e Andrew Ramer
Formato: 14 x 21
296 páginas
Editora Pensamento
Tel.: (011) 272-1399
São Paulo
1992
(Ver pág. 118)

O Trabalho com os Anjos para Alcançar Suas Metas

ALMA DANIEL

Quer os chamemos ou não, os anjos estão conosco na nossa vida cotidiana. Eles estão preparados, dispostos e adoram nos ajudar. Não importa o que estivermos fazendo — meditação, compras, dirigindo, velejando —, nenhuma tarefa é demasiado pequena e nenhuma meta grandiosa demais para merecer sua afetuosa atenção.

Neste capítulo, apresentamos exemplos de como os nossos amigos celestes nos acompanham e dão vida às nossas atividades cotidianas, e mostramos como você pode utilizar a ajuda deles para atingir suas metas. Exercícios avançados demonstram outras maneiras de se fazer a Libertação e o Alinhamento.

Alguns livros contemporâneos a respeito dos anjos concentram-se em intervenções miraculosas, em incidentes nos quais vidas foram salvas e calamidades evitadas. Embora sejam inegavelmente emocionantes, esses acontecimentos são extremamente raros. As histórias e exercícios seguintes demonstram que os anjos estão presentes e disponíveis para todos nós, todos os dias, e não apenas em ocasiões especiais.

Não se trata de algo sensacional. É uma coisa tão normal quanto ir ao correio, pagar o aluguel ou entregar a declaração de imposto de renda. Além disso, este capítulo também lhe mostra como os anjos podem ajudá-lo a transformar os seus sonhos em realidade.

Não existe nenhuma varinha mágica

Por mais que estejam dispostos a nos ajudar, os anjos não são fadas que irão agitar sua varinha mágica e atender a todos os nossos desejos. Embora os anjos possam ajudá-lo a realizar o desejo do seu coração, eles não podem criar o seu destino. Somente você e Deus podem fazer isso. O que os anjos fazem é servir ao Criador através de cada um de nós. De fato, já foi sugerido em diversas ocasiões, por mais de um de nossos amigos invisíveis, que os humanos são as mãos dos anjos e as vozes para suas inspiradas mensagens. Com efeito, os três autores deste livro já tiveram momentos nos quais se sentiram como se fossem secretárias tomando um ditado!

Parceria com os anjos

Depois que tiver aprendido a conversar com os seus anjos, você começa a trabalhar em parceria com eles. Um parceiro é alguém com quem você dança, alguém que compartilha o seu prazer, que vai em seu auxílio e lhe dá apoio na hora do aperto. Tudo que você precisa para desenvolver esta parceria é lembrar-se de pedir ajuda aos seus anjos. Muitas vezes, quando precisar realmente de seus anjos, eles irão intervir mesmo que você tenha se esquecido de invocá-los.

Peça aos seus anjos para permanecerem ao seu lado em sua vida diária. Peça-lhes que acalmem ou guiem suas mãos quando você estiver fazendo alguma coisa que requeira habilidade ou precisão. Quando estiver numa cidade estranha, peça-lhes para que o guiem para um hotel confortável ou para um bom restaurante. Peça-lhes para garantir um deslocamento seguro e facilitar as comunicações quando você ou as pessoas que você ama estiverem viajando. Sempre que quiser expandir seus conhecimentos, capacidade ou habilidade, lembre-se de invocar os seus anjos.

Acentue os aspectos positivos

Uma das vantagens de se invocar os anjos é que o ato de pedir vai tornar mais eficiente o modo como você aborda os diversos problemas da vida. Ao adotar uma postura mais positiva, você aumenta suas chances de obter sucesso em tudo aquilo que tenta fazer. Ao visualizar o melhor resultado possível, você encoraja e magnetiza as energias positivas para fluírem na sua direção.

Desde a Antiguidade, as pessoas têm trabalhado com as

energias positivas para criar no nível físico aquilo que é objeto do seu desejo. Conseqüentemente, as culturas e civilizações se desenvolveram. Ao longo dos séculos, certas maneiras de lidar com energia mostraram-se consistentemente eficazes para o propósito da manifestação. Diferentes sistemas e escolhas atribuem-lhes diferentes nomes, e alguns rearranjam a ordem em que elas surgiram. As leis ou passos, porém, permanecem os mesmos. Eles são na verdade muito simples e, com a ajuda do seu anjo, você poderá usálos para alcançar suas metas.

Cinco passos para uma manifestação bem-sucedida

Conquanto tenhamos encontrado numerosas variações e aditamentos ao processo de manifestação, existem apenas cinco princípios que são universalmente aplicados. Com a ajuda dos anjos você pode aumentar enormemente o poder dessas leis, porque a natureza dos anjos contém um elemento fundamental para a manifestação: a terna aceitação. Como os anjos existem no nível do pensamento superior, próximos do domínio da Fonte Criadora, eles podem ajudá-lo a semear sua meta numa dimensão em que o pensamento *É* criação.

O Primeiro Passo na Manifestação é a Intenção — Você faz uma escolha consciente de ter aquilo que deseja. Se não tiver realmente certeza de querer alguma coisa, passe alguns minutos imaginando que a possui. Se não puder imaginá-la ou sentir como ela é, talvez você não a queira realmente. Pode ser, ainda, que você não acredite que possa vir a tê-la. Às vezes paramos de querer alguma coisa quando achamos que não podemos tê-la, embora, obviamente, não deixemos realmente de querê-la; nós simplesmente negamos esse desejo.Freqüentemente, o medo do desapontamento debilita a intenção. Temos medo de não conseguir as coisas que queremos. Esse medo é criado por um sentimento de desvalorização.

O Segundo Passo para Atingir Sua Meta é Comprometer-se com Ela — e estar disposto a ter todas as coisas que ela vai lhe trazer. Você precisa ter certeza da sua meta. Não há lugar para expressões de ansiedade do tipo "se..." ou de hesitação do tipo "talvez". Não pode haver nenhuma ambivalência. Este passo exige que você se concentre na sua intenção e experimente a convicção de que pode ter aquilo que deseja. Você alguma vez já conseguiu alguma coisa que desejava desesperadamente e descobriu que, afinal de contas, não a queria ou não sabia o que fazer com ela? Isso acontece por causa da falta de compromisso com as suas metas.

O Passo Três Requer Afirmação — Usar a visualização para pedir aquilo que você quer, fazer afirmações em voz alta e descrever por escrito ou desenhar o objeto do seu desejo. Embora você possa fazer qualquer uma dessas coisas, quanto mais métodos você usar melhores serão os resultados, pois cada um deles ativa sua intenção e começa a demonstrá-la no plano físico. Para visualizar a consecução da sua meta, sinta-a tão plenamente quanto puder e através do maior número possível de sentidos — vendo-a, sentindo-a, tocando-a e, até mesmo, se possível, sentindo-lhe o gosto.

Afirme o que você deseja dizendo em voz alta: "Anjo, decidi ter ______ ". Lembre-se das palavras da Bíblia: "No princípio era o Verbo". O som de sua voz cria uma forma de onda e o poder da sua intenção e a clareza de sua visualização dão força e resistência a essa onda.

Algumas pessoas fazem um "mapa do tesouro" daquilo que desejam, recortando imagens que ilustram suas metas e colocando-as num pedaço de papel ou cartolina.

Cada um desses atos vai reforçar sua convicção interior e começar a transformar em realidade aquilo que você deseja. Com a ajuda de seus queridos anjos, você está co-participando da Criação. Seu papel consiste em conceber o quadro todo e o modo como você gostaria que ele se desenrolasse.

O Quarto Passo é a Gratidão — Agradecer pela manifestação como se ela já tivesse acontecido. Este passo tem uma outra dimensão, com a qual os nossos amigos alados estão familiarizados. Seja generoso em seus agradecimentos e louve a Fonte de Tudo o que Existe.

O Quinto Passo é o Mais Difícil: Soltar-se — Você precisa entregar suas metas ao Universo, para que ele possa assumir o controle e dar-lhe aquilo que você pediu. Sete palavras irão ajudá-lo a lembrar-se disso: "Relaxe e deixe Deus cuidar de Tudo."

A definição das metas

Antes de poder usar essas técnicas para obter sucesso, é preciso que você defina o que quer. Você quer mesmo um Alfa Romeo conversível ou simplesmente a sensação associada à posse de um carro assim? Em outras palavras, você o quer para si mesmo ou para causar impressão aos outros? Se a sua meta é ser rico, para que você quer o dinheiro? Para lhe proporcionar bem-estar no nível físico, mental e emocional, ou para provar a si mesmo e aos outros que você está bem de vida? De que outra maneira essas necessidades poderiam ser atendidas? A definição daquilo que você realmente quer vai facilitar a sua obtenção.

Você pode dialogar com o seu anjo para discutir os seus motivos e para trazer à luz qualquer relutância da sua parte em receber aquilo que você diz querer. Às vezes um sentimento oculto — como um senso de desvalorização, por exemplo, ou o medo da inveja — é mantido na sua mente sem que você tenha consciência disso. Este fato vai bloquear a realização da sua meta.

Carol submeteu-se a uma prova de voz para um papel de destaque num musical da Broadway. Embora tivesse sido chamada para um segundo teste, ela não obteve o papel. Carol ficou terrivelmente desapontada, especialmente depois de perceber que jamais tinha dançado ou cantado melhor. Ela conversou com o seu anjo, Freedom, para saber por que havia sido eliminada. Através da conversa, Carol descobriu que, embora quisesse realmente o papel, ela secretamente tinha medo do sucesso. Sentindo-se já distanciada dos amigos que deixara no Kentucky, Carol achava que, muito embora pudesse vir a ser admirada, caso se tornasse uma estrela da Broadway, ela seria tão diferente de seus amigos que não seria mais amada.

Surpresa, porém consideravelmente esclarecida, Carol viu que tinha um motivo oculto: sua verdadeira meta era ser amada e não conseguir o papel. E, sentindo que não podia ter sucesso e ser amada ao mesmo tempo, ela fracassou ao tentar conseguir o papel. Com Freedom ao seu lado, um guia sábio e amoroso, ela começou a repensar suas metas.

Faça uma lista de suas aspirações

Uma boa idéia para ajudar a definir suas metas é fazer uma "lista de suas aspirações". Isso significa colocar tudo o que você deseja, não importando o quanto isto lhe pareça extravagante. Examine a lista e elimine as possíveis duplicações. Em seguida, acrescente detalhes às coisas que você deseja. Você poderá descobrir que elas caem em determinadas categorias, tais como dinheiro, saúde e imagem pessoal, relacionamentos, etc. Qual categoria é mais importante para você? Relacione-as por ordem de preferência. Isto lhe será de grande ajuda para definir suas prioridades e repensar suas intenções.

Quando Frank fez sua lista de aspirações, começou com cinco itens:

1. Um novo lugar para viver.

2. Melhorar meu relacionamento com Janet.

3. Tirar dois períodos de férias por ano.

4. Ter um novo saco de dormir e uma nova barraca.

5. Desenvolver o meu corpo.

Quando pensou sobre o que escrevera, Frank percebeu que não queria apenas um novo lugar para viver. O que ele na verdade desejava era um apartamento bonito, num bom bairro, com uma vista agradável e um aluguel que pudesse pagar sem muito esforço. Frank acrescentou isto à sua lista. Depois, refletiu sobre o seu relacionamento com Janet. Eles estavam juntos havia quatro anos, com muitas brigas e reconciliações, e pareciam não concordar a respeito da maioria das coisas. Ele gostava de jogar boliche; ela detestava. Ela apreciava pratos requintados e gostava de prepará-los; ele satisfazia-se com uma pizza requentada. Ambos desejavam casar, mas Frank queria filhos e Janet não. Para ela, a carreira vinha em primeiro lugar. Frank achava que um emprego era apenas uma forma de ganhar dinheiro e que isso exigia a sua atenção somente durante o horário de trabalho.

Depois de refletir um pouco sobre tudo isso. Frank chegou à conclusão de que desejava na verdade uma nova namorada. O tempo que passara pensando em seu relacionamento com Janet tinha valido a pena porque, nesse momento, ele estava começando a reconhecer as qualidades que desejava numa mulher. Frank começou a fazer uma nova lista.

A mulher com quem eu quero me casar

1. Tem um bom senso de humor

2. É atraente e bem cuidada.

3. Não é exigente para comer.

4. Quer ter filhos.

5. Gosta de boliche.

6. Gosta de acampar.

7. Tem bom coração.

Frank continuou a examinar mais atentamente os outros itens de sua lista. Durante algum tempo, ele tinha desejado desenvolver o seu corpo, chegando até mesmo ir algumas vezes a uma academia de ginástica das vizinhanças. Entretanto, sua fantasia era ter o equipamento em sua própria casa, onde pudesse exercitar-se sempre que quisesse. Quando soube dos preços dos equipamentos que queria, descobriu que custavam 1.400 dólares. Como isto parecia estar fora do seu alcance, ele desistiu da idéia. Agora, porém, ao rever sua lista, começou a se perguntar se não iria preferir os equipamentos de ginástica a um segundo período de férias. Ele percebeu que podia fazer escolhas e que, embora tivesse optado por aquilo que tinha no momento, poderia fazer novas escolhas que refletissem os seus verdadeiros desejos numa determinada fase de sua vida.

Quando tiver certeza do que quer, escolha um item que não esteja nem no topo nem no fim da sua lista. Este deve ser alguma coisa que você gostaria muito de possuir ou algo que o faria feliz se acontecesse, mas que não o deixaria arrasado se não viesse a se realizar. O item escolhido também deve estar relacionado com uma meta cuja realização não dependa de outras pessoas. Quando tiver escolhido um, você pode usar o exercício seguinte para manifestá-lo.

EXERCÍCIO

Como fazer os sonhos se tornarem realidade

Neste exercício, você vai usar as técnicas, já vistas em outros capítulos, de Ligação com a Terra, de Libertação e Alinhamento e também com uma nova visualização. Certifique-se de que não vai ser perturbado, vá para o seu espaço sagrado e convide o seu anjo para ficar com você. Outros anjos específicos poderão ser invocados. Por exemplo: se o lugar onde você mora estiver relacionado com o seu sonho, seja porque você precisa de um novo lugar para viver ou deseja redecorá-lo, você também deveria convidar um anjo ambiental. Esteja atento para os anjos que poderiam facilitar a realização do objetivo que você tem em vista e dê-lhes também as boas-vindas.

1. Feche os olhos. Fique ligado à Terra, centrado e alinhado com o(s) seu(s) anjos.

2. Livre-se de quaisquer empecilhos, conhecidos ou desconhecidos, que possam impedi-lo de alcançar suas metas. Peça ao seu anjo para ajudá-lo a se livrar desses problemas, eliminando-os através de suas raízes e passando-os para a Terra.

3. Imagine sua meta e sinta como seria alcançá-la. Imagine isso acontecendo e observe como você se sente, o que está vestindo e as reações de quaisquer outras pessoas que possam estar presentes. Ao utilizar pelo menos quatro dos seus sentidos, você torna mais viva a sua visualização e codifica a mensagem em seu corpo físico.

4. Ponha essa imagem no seu

coração. Peça e receba as bênçãos do seu anjo para ela. Sinta a excitação e o prazer de ter alcançado aquilo que queria.

5. Agradeça por ter recebido essa dádiva.

6. Projete a imagem contida no seu coração para os braços do seu anjo e visualize o seu guardião envolvendo-a com uma bolha de luz violeta.

7. Veja a bolha subir cada vez mais e perder-se no Universo.

8. Quando não puder mais ver a bolha, abra os olhos.

Espreguice-se e ande um pouco. Tire esse pensamento da sua mente mas esteja aberto para receber sinais de que o seu desejo está começando a se materializar.

Abundância

Todos queremos determinadas coisas e desejamos usufruir os prazeres da vida, ainda que cada um de nós tenha uma idéia diferente a respeito do significado disso. Para alguns, a idéia de "abundância" está associada a imagens de férias no Havaí, de grandes limusines, de opulência e riqueza. Esta visão está relacionada com valores materiais.

Para outros, isto significa uma vida equilibrada e em harmonia com os propósitos do indivíduo, rica em boas amizades e de relacionamentos chéios de amor, e com muito entusiasmo, alegria e saúde. Essa visão está relacionada com valores espirituais. Num nível espiritual, a abundância vem de dentro e de cima. A abundância num nível material vem de fora e de baixo. Todavia, não existe nenhuma razão pela qual você não possa ter as duas coisas.

Iniciar uma parceria com os nossos anjos cria as condições que nos permitem ter sucesso, prosperar, crescer e realizar os nossos potenciais mais elevados. Essas condições são a receptividade, a generosidade e a gratidão. O contato diário com os nossos anjos expande o alcance de nossa visão do "eu" para o "nós", das preocupações pessoais para o interesse pelos outros e pelo bem-estar do nosso planeta.

À medida que nos voltamos para os nossos anjos desenvolvemos nossa abundância espiritual e nos tornamos gratos por aquilo que temos. Ao agir assim, criamos uma estrutura básica que nos permite começar a receber a influência dos anjos também no plano material. Quando você sabe que Deus o ama e que os seus anjos estão ansiosos para ajudá-lo a realizar os desejos do seu coração, você se abre para a abundância do universo e para as maneiras pelas quais ele pode se manifestar no plano físico. Você compreende e sabe que tem valor.

Quando Andrew pede ou reza para ter abundância Sargolais, o seu anjo, lembra-o de que deve pedir ou rezar para que todos a tenham. Uma maneira de fazer isso, seja nas orações ou ao pronunciar as afirmações, é acrescentar a frase "para o máximo bem de todos". O anjo de Alma, LNO, diz a ela que "tudo o que você recebe é uma dádiva, se você tiver a perspicácia e a sabedoria de perceber isso. Embora você às vezes possa não gostar das coisas que recebe, tudo o que vai até você tem em vista o seu máximo bem e lhe proporciona oportunidades para o seu crescimento e desenvolvimento".

Quando pedir ajuda aos seus anjos, deixe que eles decidam como ela vai se materializar. Peça que o objeto do seu desejo — ou algo melhor — aconteça, para o máximo bem de todos.

A lucidez é uma das muitas dádivas que os anjos nos proporcionam e uma das maneiras de obtê-la é nos livrando de pensamentos e sentimentos que podem nos impedir de alcançar as nossas metas. Embora o "Exercício Básico de Libertação" seja uma ferramenta importante e deva ser usada, haverá ocasiões em que você não vai ter tempo de executar todo o processo. Tendo praticado a técnica básica, você agora estará apto a utilizar uma versão mais curta, apresentada a seguir.

EXERCÍCIO

Libertação e esclarecimentos rápidos

Este exercício é conveniente quando você tem pouco tempo ou precisa livrar-se de apenas um problema. Ainda que numa emergência você possa fazê-lo de pé, o melhor é sentar-se e apoiar firmemente os pés no chão. Descobrimos que este exercício é particularmente eficaz para eliminar resistências, obstáculos, fadiga e vibrações de outras pessoas. Antes de começar, peça a ajuda do seu anjo:

1. Com os pés bem apoiados no chão, inspire profundamente. Na primeira expiração, envie suas raízes para dentro da Terra.

2. Ao inalar novamente, sinta aquilo que você quer eliminar do seu corpo. Ao expirar, visualize e sinta esse problema descendo por suas raízes e penetrando na Terra. Continue a expirar o mais que puder, até que todo o ar tenha sido eliminado de seus pulmões.

3. Ao inspirar, no ciclo respiratório seguinte, vire os olhos para cima como se estivessse olhando para o topo de sua cabeça. Inspire tão profundamente quanto puder.

4. Ao expirar, envie em di-

reção aos Céus os filamentos que nascem no topo da sua cabeça.

5. Ao inspirar, visualize a luz solar sendo emitida pelos Céus e incidindo sobre o topo da sua cabeça. Deixe-a descer através do seu corpo e, através da quarta expiração, chegar até suas raízes, no centro da Terra.

6. Repita mais duas vezes os ciclos respiratórios, pedindo a ajuda de seus anjos. Quando tiver terminado, agradeça aos anjos e à Terra.

Becky é enfermeira num hospital de Connecticut. Seu supervisor está sempre "pegando no seu pé" e encontrando defeitos no seu trabalho. Para não levar sentimentos desagradáveis para os seus pacientes, Becky entra no banheiro depois de se encontrar com seu supervisor, fecha a porta e faz o exercício de "Libertação e Esclarecimentos Rápidos". As outras enfermeiras perguntam-se como ela consegue permanecer alegre em circunstâncias tão difíceis.

Os anjos e a auditoria fiscal

Às vezes nossas metas dizem respeito a questões muito práticas e até mesmo comuns. Quando nós três começamos a trabalhar neste livro, Alma foi notificada de que seria submetida a uma auditoria fiscal. Em suas palavras, eis como os anjos foram em seu socorro.

"Embora no início eu relutasse em invocar os anjos, a não ser que o teor da comunicação fosse claramente 'espiritual', fui informada em algumas transmissões de que os anjos gostavam de fazer contato e tinham prazer em colaborar. Ao saber da auditoria, minha reação inicial foi de indignação. Eu já havia sido submetida a uma auditoria antes e achei que o Departamento de Rendas Internas estava me perseguindo. Isso não era justo.

"Apelei imediatamente para LNO, a qual lembrou-me que a auditoria anterior tinha sido uma oportunidade para eu examinar minha honestidade e veracidade. Essa auditoria, assegurou-me ela, tinha sido uma oportunidade não apenas de demonstrar a minha integridade como também de aperfeiçoar a organização de meus registros contábeis.

"Obviamente, fiquei um pouco irritada. Então, jurando que ao término da auditoria o fisco deveria dinheiro a *mim*, iniciei a tarefa de reunir todas as informações relevantes para o exame. Em virtude de diversos adiamentos, passaram-se cinco meses antes que eu pudesse realmente falar com o auditor. Na noite anterior, eu justificara penosamente cada uma das minhas diversas fontes de receita.

"O trabalho correu bem e, quando eu não conseguia encontrar comprovantes e extratos bancários essenciais, simplesmente dizia: 'Está bem, anjos, agora é com vocês', e passava a procurar outra coisa. Duas vezes os documentos perdidos apareceram em minhas mãos. Sempre que esqueço onde deixei alguma coisa, simplesmente peço aos anjos que me ajudem a rematerializá-la. Muitas vezes os resultados são instantâneos; quando isto não acontece, posso concluir que existem outras coisas que ainda não consegui entender e que preciso captar a mensagem antes de encontrar o objeto perdido. Como não tenho nenhuma prevenção contra a auditoria fiscal, não havia motivo para que eu ocultasse informações de mim mesmo — tudo aquilo que precisei foi encontrado. Isso foi uma intervenção dos anjos ou apenas um sinal de que Alma tornara-se mais organizada?

"Conversando com os anjos, pedi ajuda a eles para fazer com que a auditoria fosse realizada com rapidez e correção. Observe que eu não especifiquei como isso deveria acontecer. Quando reuni meus documentos fiscais, eu o fiz com a intenção de ter à mão tudo o que precisava para encerrar a auditoria numa única visita. Era difícil prever quais informações me seriam solicitadas.

"Quando fui conversar com o fiscal de rendas, ficou claro que a auditoria fora determinada por causa de um erro no computador. Uma hora depois, tinham me pedido desculpas e o caso estava encerrado. Ao me despedir do fiscal, fui levada a perguntar o seu nome. 'Rafael', foi a resposta.

"Consegui manter o rosto impassível e agradeci a ele e aos meus anjos. Chegando em casa, humildemente apresentei meus cumprimentos ao arcanjo.

"Talvez você esteja pensando que eu me preparei de forma tão completa para a auditoria que não precisei da intervenção dos anjos. Nesse instante, senti a presença e a ajuda dos anjos de duas maneiras: eu não estava ansiosa nem preocupada, como estivera na primeira ocasião, e, ao contrário da primeira vez, quando meses antes da data eu já estava obcecada pelo acontecimento, dessa vez eu não tinha dado a essa auditoria um momento sequer de reflexão. Todavia, quando me lancei à considerável tarefa de reunir as informações necessárias, as partes se encaixaram rapidamente.

"Invocar os anjos é uma maneira de declarar a minha intenção — a minha meta. Isso me ajuda a concentrar minha atenção e minhas energias, num determinado momento, no resultado que desejo criar. Então eu o libero — este é o grande segredo da manifestação — e deixo o universo fazer o resto. Perguntar aos anjos é a minha maneira de me certificar de que o meu propósito está sintonizado com o Desejo Superior. Sei que os anjos sempre irão servir à Luz. Convidá-los a participar da minha vida é convidar essa luz para brilhar sobre tudo o que faço."

Para derramar luz sobre a sua vida, é útil limpar primeiro as gavetas. O processo que se segue vai purificar a sua casa ou escritório e tornar a atmosfera muito mais acolhedora para os anjos. Você também pode adaptar este exercício para ser realizado dentro do seu carro.

EXERCÍCIO

Libertação do ar

Este processo "limpa o ar". Ventilar uma sala antes de abrir-se para os anjos é uma medida útil para ambas as dimensões. No nível físico, a ventilação de uma sala aumenta o nível de oxigênio, tornando mais claro o pensamento e estimulando a circulação sangüínea. No nível dos anjos, é de grande ajuda dispersar qualquer negatividade que possa prejudicar os contatos com os seres humanos.

1. Abra todas as janelas do cômodo ou da casa. Convoque os anjos do ar para entrarem e limparem o ambiente. Quando isso acontece, às vezes sopra um vento mais forte.

2. Se houver portas que possam ser abertas para outros cômodos, para criar uma corrente de ar, isto também deve ser feito. Como os anjos do ar também estão envolvidos com as condições atmosféricas, não se esqueça de observar como está o tempo antes e depois de efetuar o processo de purificação.

3. Adote uma atitude receptiva e fique atento para as mudanças que estejam ocorrendo na atmosfera — você vai saber quando o cômodo estiver purificado. Agradeça aos anjos do ar pela sua ajuda.

Descobrimos que este procedimento é útil quando estamos executando tarefas como limpar gavetas, arquivar papéis ou pagar contas. Certifique-se de ter prendido todos os papéis antes de fazer o exercício, para que eles não saiam voando pela janela!

Os anjos fazem isso a seu modo

Anne é uma agente de publicidade *free-lancer* e trabalha fora de casa. Embora não possa pagar ajudantes, pois está começando agora, tem uma equipe de anjos trabalhando com ela. Um dia Anne precisava colocar uma proposta no correio até as três da tarde para que esta fosse entregue no dia seguinte. Ela pediu aos anjos que eliminassem as filas do correio para que não tivesse de esperar muito. Quando Anne chegou para despachar a correspondência, o correio estava vazio.

Animada, Anne convocou os seus anjos novamente, da próxima vez que precisou comprar selos. Chegando lá, porém, havia uma longa fila. Por que o pedido tinha funcionado da primeira vez e não funcionava agora? Ela pensou nisso durante vários dias. Então, precisou ir novamente ao correio para determinar a quantidade correta de selos para um envelope. Ela não precisava de selos mas apenas saber a tarifa correta. Anne também tinha uma porção de outras coisas para fazer e um compromisso com um dos seus clientes. Então decidiu tentar uma outra abordagem e, simplesmente, pediu que os anjos facilitassem as coisas, que a ajudassem a fazer o que precisava ser feito da maneira mais eficiente. Isto significava dar liberdade de ação — não especificar o que deveria ser feito.

Quando Anne chegou ao correio, viu que ele estava novamente lotado. "Anjos, dêem um jeito nisso!", disse ela, e saiu para cuidar de outros afazeres. Então, enquanto estava fazendo compras numa papelaria, ela viu uma balança de pesar papel. Anne pôs o envelope sobre ela, calculou a tarifa em função do peso, e, ao chegar em casa, pôde colocar a quantidade correta de selos no envelope.

Marcas deixadas pelos anjos

Foi uma simples coincidência? Essas coincidências são o que a nossa amiga Sara chama de "marcas deixadas pelos anjos". Os sinais dos anjos são sincronicidades e coincidências que têm um significado e nos trazem a sensação de que alguém tem os nossos melhores interesses dentro do seu coração. Sara vive numa remota área do Colorado, longe da cidade mais próxima. No começo deste livro você tomou conhecimento do modo como os anjos salvaram a sua vida. Foi ela que cunhou a expressão acima, ao nos escrever esta carta:

"Algumas marcas deixadas pelos anjos são tão sutis que passam quase despercebidas, a não ser que tenhamos o hábito de ficar atentos para elas. Um dia, por exemplo, eu estava esperando para pegar uma carona até a cidade com uma senhora que não se mostrara muito confiável no passado. No primeiro dia, ela faltou ao compromisso. Apesar disso, não fiquei zangada com ela, por alguma razão de que não me lembro agora. No segundo dia, ela apareceu demasiado tarde para que eu pudesse chegar a tempo onde precisava ir. Mais uma vez, marcamos uma nova data para ir à cidade, dessa vez para a manhã seguinte. Nessa mesma noite, meu marido, que estava trabalhando fora, telefonou para me pedir que lhe mandasse imediatamente uma determinada ferramenta. Pude enviá-la no dia seguinte! Sinais deixados pelos anjos!

"Além disso, enquanto eu esperava pela carona, que estava novamente atrasada, chegaram pelo correio da manhã alguns livros que, conforme minha irmã me dissera, precisavam ser enviados a ela o mais rápido possível. Marcas dos anjos! Se tivéssemos saído mais cedo teria sido realmente um problema levar os livros e a ferramenta para despachá-los pelo correio. Todas aquelas "demoras" tinham um propósito. Aprendi a não me aborrecer quando os planos não dão certo. Eu apenas fico observando e esperando para conhecer a razão disso — e ela logo se torna evidente.

"Quando você tem vontade de ligar para alguém e a pessoa diz 'Eu estava mesmo precisando falar com você. Como foi que você adivinhou?', isso é uma marca deixada pelos anjos, embora você também possa chamar isto de percepção extra-sensorial. São a mesma coisa. Quando o livro 'certo' cai em suas mãos na hora 'certa', isso também são marcas deixadas pelos anjos!"

Se reservarmos alguns momentos para refletir sobre os inúmeros momentos de graça que já vivemos, será possível começarmos a enxergar um padrão de benevolente intervenção. Aquilo que tem sido chamado de segunda visão, de sexto sentido ou intuição poderia muito bem ser a voz de um anjo, mostrando-nos o caminho e nos ensinando a usar a sabedoria de que fomos dotados pelo Criador.

Invocar a atenção e a companhia de seus companheiros celestes cria oportunidades para a criação de mais "marcas dos anjos". Esses felizes momentos trazem-nos surpresas agradáveis e uma sensação de que as coisas estão correndo bem e existe harmonia na nossa vida. Para certificar-se de que os anjos estão ao seu lado, use o exercício abaixo.

EXERCÍCIO

O guarda-chuva angelical

Quando quiser o seu anjo particularmente próximo de você durante todo o dia, abra o seu "Guarda-chuva Angelical". Esta visualização pode ser usada quando você tem em mente uma determinada meta, como por exemplo uma prova ou uma entrevista importante, e quer permanecer calmo e concentrado. Ele também pode ser usado quando você quer simplesmentee usufruir o prazer de ter por perto a companhia de um amigo querido.

1. Voltando-se para o leste, abra os braços e diga: "Anjo, fique comigo". Feche os olhos por um momento e imagine o seu anjo de pé, bem atrás de você, com as asas começando a dobrar em torno do seu corpo. Repita esta invocação voltando-se para o sul, para o oeste e para o norte. Observe se ao fazer isso você detecta alguma sensação no seu corpo ou na atmosfera a sua volta.

2. Quando tiver completado a invocação em todas as direções, sente-se e levante os braços, com as palmas das mãos voltadas para cima. Imagine o seu anjo sentado atrás de você, segurando um grande guarda-chuva com raios feitos de ouro. Embora não haja nenhum tecido cobrindo a estrutura do guarda-chuva, existem fileiras de gotas de luz dourada entre os raios, de modo que você se vê sentado sob o que parece ser uma gigantesca teia de aranha dourada, salpicada do orvalho celeste.

3. Através desta treliça de luz cai uma chuva de gotas de luz branca e dourada, envolvendo o seu corpo. Movimente os braços para sentir mais intensamente os efeitos desse guarda-chuva. Ao fazê-lo, diga: "Meu anjo está comigo". Repita isso tantas vezes quantas quiser.

4. Ao levantar-se, sinta o campo de energia criado por esse guarda-chuva especial. Imagine-o pairando sobre você durante o resto do dia.

Em qualquer momento do dia você pode dizer: "Anjo, fique comigo" e visualizar novamente o "Guarda-chuva Angelical". Ao contrário dos guarda-chuvas comuns, este não pode ser esquecido num ônibus ou cinema.

Susan usou o "Guarda-chuva Angelical" num determinado dia, quando precisava de 70 dólares para completar a quantia necessária para o pagamento do aluguel. O exercício diminuiu sua preocupação e ajudou-a a lembrar-se de que, em toda a sua vida, não importando o que acontecesse, ela sempre tinha conseguido se arranjar. Susan estava se sentindo mais tranqüila quando o telefone tocou. Era uma vizinha perguntando se ela poderia cuidar do bebê durante o fim de semana. Susan estava disponível e concordou em fazer o serviço. Quando a mulher lhe deu o pagamento, Susan tinha os 70 dólares que faltavam.

Reciclando energia

Neste capítulo, estivemos discorrendo sobre o uso da energia positiva. Existe também a energia negativa? Sim e não. Se você visualizar a energia como algo que ocorre em cilindros compridos, semelhantes a salsichas, a energia positiva seria um cilindro reto, girando livremente, e a negativa poderia ser comparada ao que acontece quando as salsichas perdem a forma e ficam curvadas ou torcidas. A constituição básica de toda energia é a mesma, apenas a sua forma é diferente. Na verdade não existem dois tipos diferentes de energia, mas duas maneiras através das quais a energia pode se deslocar e fluir para criar a realidade. Se você tiver em vista a realidade da criação, a manifestação daquilo que você quer na vida, você vai querer se certificar de que sua energia é reta, concentrada e claramente dirigida.

Uma das lições que aprendemos no plano físico é que não podemos jogar o nosso lixo em qualquer lugar, que não podemos produzir objetos que não sejam recicláveis. Com a energia acontece o mesmo. Não podemos jogá-la fora negligentemente. Se o fizermos, poderemos estar poluindo o plano da realidade de outra pessoa, a qual, no momento, é invisível para nós. Você pode "endireitar" sua energia usando a técnica descrita abaixo. Assim como os produtos biodegradáveis são devolvidos ao solo na forma de adubos compostos, ao fazer este exercício a energia também pode passar por um processo de compostagem.

EXERCÍCIO

O aspirador de pó angelical

Esta visualização foi criada para ser feita com o seu anjo, com o propósito de remover de seu corpo físico e sutil as assim chamadas energias negativas ou torcidas. A intenção é eliminar as energias torcidas ou endireitá-las novamente, processo semelhante a uma reciclagem. Ao ser libertada, ela irá fluir suavemente através do universo e ser atraída para planos harmoniosamente ressonantes, sem causar problemas ao longo do caminho. Depois que isso acontece, ela pode ser utilizada na materialização de nossos objetos pessoais.

Comece fazendo a "Meditação Básica de Ligação com a Terra" ou a "Meditação de Centralização". Depois, execute os seguintes passos.

1. Concentre-se no problema que você quer transformar. Ele pode ser uma parte de seu corpo que precisa de cura; um

pensamento, sentimento, recordação, ou um desequilíbrio físico ou mental.

2. Feche os olhos e penetre realmente dentro do problema ou elemento que você quer eliminar. Não tenha medo de penetrar fundo no seu medo ou sofrimento. Quanto mais real isto lhe parecer, mais completamente será eliminado. Saiba também que parte daquilo que você pode eliminar é qualquer idéia que possa ter contra si mesmo no sentido de haver alguma coisa de errado com você, *se houver* alguma coisa de errado com você.

3. Em seguida, visualize o anjo flutuando acima de você. Deixe que essa imagem se torne mais forte. Sinta o seu anjo e o amor e o carinho que ele tem por você.

4. Observe que o seu anjo está segurando um curioso aparelho. Trata-se de um aspirador de pó projetado para remover essa energia torcida, em vez da poeira ou da sujeira. Ele pode ter a aparência de qualquer aspirador de pó que você conheça, ou ser diferente. Sinta-se livre para criá-lo em qualquer cor ou forma que lhe pareçam apropriadas. Ele pode ter uma aparência diferente cada vez que você for usá-lo. Ele tem um corpo e uma mangueira, como qualquer aspirador de pó comum. Todavia, além de um dispositivo de sucção, ele também contém um poderoso conjunto de ímãs. Eles endireitam as partículas de energia torcidas sugadas para dentro da máquina e, em seguida, expelem-nas pela parte de trás do aparelho.

5. O seu anjo segura a máquina numa mão e a mangueira na outra. Existe um bocal na extremidade da mangueira. Lentamente, o seu anjo aponta esse bocal para o seu corpo físico, para sua mente, seus sentimentos e/ou para o seu corpo sutil, quaisquer que sejam as suas necessidades de limpeza.

6. Quando o seu anjo passar o bocal sobre o lugar que você quer curar, ou nos pensamentos ou sentimentos que você quer eliminar, sinta e visualize feixes de partículas de energia torcida sendo capturados e sugados para dentro do tubo e do próprio corpo do aparelho. Dentro do aparelho, as partículas torcidas, que estavam provocando bloqueios dentro de você, estão sendo transmutadas e, depois, expelidas pela parte de trás da máquina, num feixe de luz brilhante, puro e reto.

7. Sinta como diminuiu qualquer dor, pesar ou confusão que você possa ter sofrido. Respire mais profundamente agora. Deixe-se ficar mais leve e liberte-se.

8. Caso tenha estado abrigando energia torcida durante um período muito longo, talvez demore algum tempo para que toda ela seja sugada. Pode ser

que você precise repetir esse processo.

9. Quando tiver terminado, agradeça ao seu anjo.

Como você está se sentindo agora? Levante-se, ande um pouco e verifique se está mais leve de corpo e de espírito. Reconheça o seu próprio valor por se ter interessado pela ecologia cósmica o suficiente para participar de uma reciclagem num nível multidimensional, pois o seu corpo não está separado do universo nem se trata da sua cura. Ao curar-se a si mesmo, essa cura vem em benefício de todos. No caso de se sentir um pouco confuso ou estranho depois de fazer este exercício, lembre-se de ligar-se à Terra e, talvez, de invocar um Anjo Renovador para ajudá-lo a passar para um espaço mais positivo. Limpar o seu corpo, trabalhar com as afirmações e manter uma atitude positiva vai ajudá-lo a conservar-se limpo por dentro.

Jennie é uma assistente social cujo trabalho exige que ela visite as casas das pessoas assistidas. Desde que aprendeu a técnica do "Aspirador de Pó Angelical", Jennie a tem ensinado nas casas de todas as pessoas que visita. "É espantosa a diferença que isso faz", contou-nos ela. "As pessoas estão visivelmente mais alegres quando as deixo."

E não fica nenhuma poeira debaixo do sofá!

Ao definir suas metas e analisar o que deseja em sua vida, você tem oportunidades para curar-se das crenças que limitam a realização do seu potencial. No próximo capítulo você vai aprender outras maneiras de curar com a ajuda dos anjos.

AS VALQUÍRIAS
Paulo Coelho
Formato: 14 x 21
240 páginas
Editora Rocco
C. Postal 43.003
Rio de Janeiro
1992
(Ver pág. 119)

"Os Anjos Abrem os Livros Proibidos"

PAULO COELHO

Quem ficar no meio da praça principal pode ver onde Borrego Springs começa e onde termina. Entretanto, a cidadezinha possuía três hotéis. No inverno os turistas vinham ali lembrar o sol.

Deixaram a bagagem no quarto e foram jantar num restaurante de comida mexicana. O rapaz que atendeu ficou longo tempo por perto tentando entender que língua estavam falando e, como não conseguiu, terminou por perguntar. Ao saber que vinham do Brasil, disse que jamais conhecera um brasileiro.

— Agora conheço dois — riu.

Provavelmente, no dia seguinte, a cidade inteira saberia. Não havia muita novidade em Borrego Springs.

Acabaram de comer e foram passear, de mãos dadas, pelos arredores da cidade. Ele queria pisar no deserto, sentir o deserto, respirar o ar do Mojave. Terminaram se embrenhando no solo cheio de pedras e rochas; depois de meia hora de caminhada, podiam olhar para o leste e ver as poucas luzes distantes de Borrego Springs.

Ali podiam contemplar melhor o céu. Deitaram-se no chão e ficaram fazendo pedidos para as estrelas cadentes. Não havia lua, e as constelações brilhavam.

— Você já teve a sensação de que, em determinados momentos de sua vida, alguém a observa fazer as coisas? — Paulo perguntou.

— Como é que você sabe disso?

— Porque sei. São momentos em que, sem ter consciência, notamos a presença dos anjos.

Chris lembrou-se da adolescência. Naquela época, esta sensação era muito mais forte.

— Nesse momento — continuou ele —, começamos a criar uma espécie de filme, onde somos personagens principais e agimos na certeza de que alguém nos vigia.

"Mas aí, à medida que crescemos, começamos a achar isso ridículo. Parece que é sonho de criança que quer ser ator ou atriz de cinema. Esquecemos que, naqueles momentos em que representávamos para uma platéia invisível, a sensação de sermos vistos era muito forte."

Ficou em silêncio um momento.

— Quando olho o céu, muitas vezes esta sensação volta, acompanhada da mesma pergunta: quem está nos vigiando?

— Quem nos vigia? — perguntou ela.

— Anjos. Os mensageiros de Deus.

Ela mantinha os olhos fixos no céu. Queria acreditar naquilo.

— Todas as religiões, e todas as pessoas que já viram o Extraordinário, falam em anjos — continuou Paulo. — O Universo está povoado de anjos. São eles que nos trazem a esperança, como o que anunciou aos pastores que um messias havia nascido. Trazem a morte, como o anjo exterminador que caminhou pelo Egito e destruiu os que não tinham um sinal na porta. São eles que podem nos impedir de entrar no Paraíso com uma espada de fogo na mão. Ou podem nos convidar para ele, como um anjo fez com Maria.

"Os anjos abrem os selos dos livros proibidos, tocam as trombetas do Juízo Final. Trazem a luz, como Miguel, ou as trevas, como Lúcifer."

Chris tomou coragem e fez a pergunta:

— Eles têm asas?

— Ainda não vi um anjo — ele respondeu. — Mas também quis saber isto. E perguntei a J.

"Que bom", pensou ela. Não era a única a querer saber coisas simples a respeito de anjos.

— J. me disse que eles tomam a forma que a gente imaginar. Porque são o pensamento vivo de Deus, e precisam se adaptar à nossa sabedoria e ao nosso entendimento. Sabem que, se não agirem desta maneira, não conseguimos vê-los.

Paulo fechou os olhos.

— Imagine seu anjo, e sentirá sua presença neste momento — concluiu.

Ficaram em silêncio, deitados no deserto. Não podiam ouvir qualquer ruído, e Chris começou a sentir-se de novo no mesmo filme de sua adolescência, onde representava para platéias invisíveis. Quanto mais se concentrava, mais tinha certeza de que, à sua volta, existia uma presença forte, amiga e generosa. Começou a imaginar seu anjo, vestiu-o exatamente como via nas gravuras da infância: roupa azul, cabelos dourados e imensas asas brancas.

Paulo também imaginava seu anjo. Já mergulhara muitas vezes no mundo invisível que o cercava, e aquilo que não era novidade para ele. Mas agora, desde que J. lhe dera a tarefa, sentia que seu anjo estava muito mais presente — como se os anjos se fizessem notar apenas para aqueles que acreditavam na sua existência. Embora, a despeito do que o homem acreditasse ou não, eles sempre estivessem ali — mensageiros da vida, da morte, do inferno e do paraíso.

Vestiu um longo manto bordado de ouro no seu anjo, e também colocou asas.

* * *

(...)

Parou na entrada do desfiladeiro, e olhou o vale à frente. O horizonte começou a ficar vermelho. Era a primeira vez que estava vendo um amanhecer no deserto; mesmo quando dormiam ao ar livre, sempre acordava com o sol já alto.

"Que grande espetáculo perdi", pensava. O topo das montanhas, ao longe, começou a brilhar, e a luz cor-de-rosa ia cobrindo o vale, as pedras, as pequenas plantas que insistiam em viver quase sem água. Ficou algum tempo contemplando a cena.

Lembrou-se do livro que acabara de publicar no Brasil, no qual — em determinado momento — o pastor Santiago vai para uma montanha olhar o deserto. Exceto pelo fato de não estar em cima de uma montanha, surpreendia-se da semelhança com o que havia escrito oito meses antes. Como também, só agora, estava se dando conta do nome da cidade onde haviam desembarcado nos Estados Unidos.

Los Angeles. Que, em espanhol, quer dizer: Os Anjos.

Mas não era hora de pensar nos sinais do caminho.

— Este é teu rosto, meu anjo da guarda — disse, em voz alta. — Eu te vejo. Estiveste sempre na minha frente, e quase nunca te reconheci. Escuto tua voz, cada dia a escuto mais claramente. Sei que existes, porque falam de ti em todos os recantos da Terra.

"Talvez um homem, ou uma sociedade inteira, pudesse estar errado. Mas todas as sociedades, e todas as civilizações, em todos os lugares do planeta, sempre falaram de anjos. Hoje em dia, as crianças, os velhos e os profetas escutam. Mesmo assim, continuarão falando em anjos através dos séculos porque sempre existirão os profetas, as crianças e os velhos."

Uma borboleta azul começou a brincar na sua frente. Era seu anjo respondendo.

— Rompi um acordo. Aceitei um perdão.

A borboleta corria de um lado para o outro. Haviam visto diversas borboletas brancas no deserto — aquela, porém, era azul. Seu anjo estava contente.

— E fiz uma aposta. Naquela noite, no alto da montanha, apostei toda a minha fé em Deus, na vida, no meu trabalho, em J., apostei tudo o que tinha. Apostei que, quando eu abrisse os olhos, você se mostraria para mim. Coloquei minha vida inteira em um prato da balança. Pedi que você colocasse seu rosto no outro prato.

"E, quando abri os olhos, tinha diante de mim o deserto. Por alguns instantes, achei que havia perdido. Mas então — ah, como me lembro com carinho! —, então você falou."

Uma pequena risca de luz apareceu no horizonte. O sol estava nascendo.

— Lembra-se do que disse? Você disse: "Olha em volta, eis a minha face. Sou o lugar onde você estiver. Meu manto te cobrirá com os raios de sol, de dia, e com o brilho das estrelas, de noite." Eu ouvi claramente tua voz!

"E você ainda disse: 'Precises sempre de mim!'"

O seu coração estava alegre. Ia esperar o sol nascer, olhar bastante a face do seu anjo naquela manhã. Depois ia contar para Chris sobre a aposta. E dizer que ver o anjo era ainda mais fácil que conversar com ele! Bastava acreditar que anjos existem, bastava precisar de anjos. E eles se mostravam, brilhantes como o raiar da manhã. E ajudavam, cumpriam a tarefa de proteger e guiar, para que cada geração levasse sua presença para a geração seguinte — de modo que jamais fossem esquecidos.

"Escreve algo", escutou uma voz dizer dentro de sua cabeça.

Engraçado. Não estava procurando canalizar — apenas contemplava a face de seu anjo.

No entanto, alguma coisa dentro dele exigia que escrevesse algo. Tentou concentrar-se no horizonte e no deserto, mas não conseguiu mais.

Foi até o carro, pegou um papel e uma caneta. Tivera algumas experiências de psicografia, mas sem ir muito longe — J. dissera que aquilo não era para ele, e que devia ir em busca de seu verdadeiro dom.

Sentou-se no chão do deserto, com a caneta entre os dedos, e procurou relaxar. Daqui a pouco, a caneta começaria a mover-se sozinha, faria alguns riscos, e as palavras começariam a surgir. Para isso, precisava perder um pouco a consciência, deixar que algo — um espírito ou um anjo — o possuísse.

Entregou-se completamente, aceitou ser um instrumento. Mas nada aconteceu. "Escreve algo", escutou de novo a voz em sua cabeça.

Ficou assustado. Não ia ser incorporado por um espírito. Estava canalizando sem querer — como se seu anjo estivesse ali, falando com ele. Não era psicografia.

Pegou a caneta de maneira diferente — agora com firmeza.

As palavras começaram a surgir, nítidas. E ele ia copiando, sem tempo de pensar no que escrevia:

Por amor de Sião, não me calarei,

e por amor de Jerusalém não descansarei,

até que desponte para ela a justiça, qual astro,

e a sua salvação qual facho ardente.

Aquilo nunca havia acontecido antes. Estava *escutando* uma voz, dentro dele, ditando as palavras:

E chamar-te-ão com um nome novo,

pronunciado pela boca do Senhor;

e serás brilhante coroa na mão do Senhor,

e real diadema na palma de teu Deus.

Não serás mais chamada "desamparada"

nem a tua terra, "abandonada";

mas chamar-te-ão de "esta me agrada"

e a tua terra, "desposada".

Tentou conversar com a voz. Perguntou a quem dizer isto.

"Já foi dito", respondeu a voz. "Está apenas sendo lembrado."

Paulo sentiu um nó na garganta. Era um milagre, ele dava graças ao Senhor.

O disco dourado do sol foi aos poucos aparecendo no horizonte. Ele largou o bloco e a caneta, levantou-se e estendeu as mãos em direção à luz. Pediu para que toda aquela energia de esperança — a esperança que um novo dia traz para milhões de pessoas na face da Terra — entrasse por seus dedos e repousasse em seu coração. Pediu para acreditar sempre no novo mundo, nos anjos, nas portas abertas do Paraíso. Pediu proteção ao seu anjo e à Virgem — para ele, para todos que amava, e para seu trabalho.

A borboleta veio e, como obedecendo a um sinal secreto do anjo, pousou em sua mão esquerda. Ele ficou absolutamente imóvel, porque estava na presença de mais um milagre; seu anjo havia respondido.

Sentiu o Universo parar naquele momento; o sol, a borboleta, o deserto à sua frente.

E, no momento seguinte, o ar à sua volta sacudiu. Não era vento. Era uma sacudidela do ar — a mesma que se tem quando um carro ultrapassa um ônibus em alta velocidade.

Um arrepio do mais absoluto terror correu por sua espinha.

ESTRATÉGIAS DE LÚCIFER
Huberto Rohden
Formato: 14 x 21
160 páginas
Editora Martin Claret
Tel.: (011) 262-8144
São Paulo
1990
(Ver pág. 120)

Lúcifer, O Anjo Rebelado

HUBERTO ROHDEN

Nossa vizinhança cósmica

O homem antigo considerava a Terra como o centro do Universo, e a nossa humanidade como a única.

Há muito tempo, sabemos que o planeta Terra é uma parcela mínima do cosmos total, que abrange milhões de sistemas solares, estelares e galáxias, iguais ou maiores que o sistema solar a que pertencemos.

Esta astronomia física nos sugere uma filosofia metafísica: é possível, e mesmo provável, que haja muitas humanidades, iguais, inferiores ou superiores, à humanidade terrestre.

As creaturas conscientes e livres mais evolvidas que nós são chamadas pelos livros sacros os celestes, as menos evolvidas [1] são as infra-terrestres, ou os ínferos, e nós somos os terrestres.

Paulo de Tarso, na Epístola aos Filipenses, escreve que, em nome do Cristo, se dobram todos os joelhos, dos celestes, dos terrestres e dos infra-terrestres.

As creaturas conscientes e livres têm a possibilidade de as-

[1] Note o leitor que, em todos os nossos livros, usamos a palavra corretamente latina *evolver* e *involver*, e não o hibridismo francês *evoluir* e *involuir*, que, infelizmente, tomaram conta da língua portuguesa, sobretudo no Brasil. Evolver é desenvolver, involver é o contrário. Ninguém diz desenvoluir em vez de desenvolver, nem devoluir ou revoluir, em vez de desenvolver ou revolver. O português não é derivado do francês, mas do latim.

sumir atitude pró ou contra Deus, se por Deus entendemos a alma do Universo, ou o Creador.

Em virtude dessa, consciência e liberdade, a parte creatural do Universo se bifurca em dois pólos: positivo e negativo.

Essa bifurcação bipolar é necessária para a evolução do Universo consciente e livre, porque sem resistência não há evolução. Em linguagem comum, as entidades do pólo positivo são chamadas os bons, e as do pólo negativo são os maus — ou seja, anjos e diabos, em se tratando do mundo invisível. Anjo (do grego *angelos*) quer dizer mensageiro; diabo (em grego diábolos) significa adversário.

Os mensageiros pró-Deus e os adversários contra Deus constituem o mundo das creaturas consciente e livres, que têm a possibilidade de realizar a sua evolução autônoma, como também a sua involução.

O livro *do Apocalipse* diz que houve uma grande luta no céu, isto é, entre as creaturas superiores à nossa humanidade; algumas se revoltaram contra Deus, enquanto outras aderiram a Deus. Os revoltados foram lançados à terra, onde continuam a sua tarefa de servirem de peças de resistência às creaturas terráqueas em evolução.

Se houve uma luta no céu, então o céu não é esse ridículo museu de múmias fossilizadas eternamente no bem que a nossa teologia infantil nos impingiu; nem o inferno é um museu de seres petrificados no mal. Céu e inferno são dois campos em vias de evolução habitados por seres dotados de livre-arbítrio. No Universo das creaturas, tudo é fluxo incessante, nada é estagnação definitiva.

Os livros sacros enumeram nove hierarquias de mensageiros celestes, chamados: anjos, arcanjos, serafins, querubins, tronos, dominações, principados, virtudes e potestades.

Na Epístola aos Efésios 6,12, Paulo de Tarso enumera três dessas hierarquias como adversários de Deus e ativos na terra dos homens: principados, potestades e dominações; diz que a nossa luta não é contra carne e sangue, mas contra este mundo tenebroso dos espíritos malignos.

No Livro de Job aparece um desses adversários (*satan*, em hebraico) no meio dos emissários de Deus, ou anjos. Esse *satan* arruinou completamente a prosperidade material desse grande fazendeiro de Hus, matou os dez filhos dele e cobriu o corpo de Job com chagas purulentas.

Nem os mensageiros nem os adversários têm poder sobre a consciência e livre-arbítrio do homem, mas podem, em certas circunstâncias, afetar, benéfica ou maleficamente, a vida do homem.

Quase toda a literatura humana, tanto do Oriente como do Ocidente, está repleta de referências a essas entidades invisíveis, que afetam a evolução do homem, consoante a atitude, positiva ou negativa, que o homem assume em face delas.

No presente livro, descrevemos algumas das atividades desses poderes invisíveis, as estratégias do adversário, que, em hebraico, se chama *satan*, e em grego *diábolos*.

Preferimos todavia usar o nome Lúcifer para designar esse poder adverso. Lúcifer quer dizer literalmente porta-luz, simbolizando a luz matutina (estrela d'alva, Vênus), que precede o nascer do sol, como é usado na Bíblia. Mas Lúcifer pode também simbolizar a luz da inteligência que precede a luz da razão (espírito). Nos livros sacros não ocorre a palavra Lúcifer no sentido negativo de satanás ou diabo; mas na linguagem popular de todos os países, Lúcifer é usado como o poder antiespiritual, sentido esse em que o empregamos no presente livro. Os povos têm certa razão em identificar Lúcifer com satanás, porque a inteligência humana, quando atua em seu próprio nome, sem o controle da razão espiritual, degenera invariavelmente em satanidade antiespiritual.

O nosso mundo moderno, altamente intelectualizado, é grandemente contrário ao espírito.

Na cena da tentação de Jesus, o tentador quer ser servido e adorado pelo Cristo, e como recompensa lhe oferece todos os reinos do mundo e sua glória — luciferismo esse que caracteriza adequadamente grande parte da nossa civilização moderna.

Por esta razão disse o Mestre a seus discípulos: "O príncipe deste mundo, que é o poder das trevas, tem poder sobre vós; sobre mim ele não tem poder, porque eu venci o mundo".

Descreveremos neste livro a estratégia característica de Lúcifer, por vezes vitoriosa, por vezes derrotada.

Os leitores que conhecem o meu livro *A Nova Humanidade* têm a vantagem de compreender melhor as seguintes páginas sobre a tática do adversário — tática essa que faz parte do plano cósmico da evolução entre as creaturas conscientes e livres. Se o leitor assumir uma atitude cosmorâmica em face do Universo, compreenderá o Uno do Creador e o Verso das creaturas.

Lúcifer

"Como caíste do céu, Lúcifer, estrela d'alva! Tu, que dizias em tua mente: subirei ao céu, exaltarei o meu trono acima das estrelas de Deus, para além das mais altas nuvens — serei semelhante ao Altíssimo!

E agora, foste lançado ao inferno, às ínfimas profundezas da terra." (Isaías, 14,12-15).

No texto acima, escrito durante o exílio babilônico, 600 anos antes da Era Cristã, pelo maior dos profetas hebreus, Lúcifer é chamado estrela d'alva (em grego: *eosfóros*, portador da aurora), talvez por ter sido a mais deslumbrante das entidades angélicas.

O *Apocalipse* de João diz que o "dragão", quando foi expulso do céu, arrastou consigo um terço das estrelas celestes rebeladas contra Deus.

O céu, como se vê, não é um lugar definitivo, e as creaturas dotadas de livre-arbítrio não se acham numa meta estática e definitiva da evolução; podem assumir atitude pró ou contra Deus.

Lúcifer, que, daí por diante, é chamado *satan* (adversário) ou *diábolos* (opositor), foi lançado das regiões superiores (céu) para as regiões inferiores (inferno), onde ele domina as profundezas da terra, como o tentador afirma, e como o Cristo confirma: "O príncipe deste mundo, que é o poder das trevas, tem poder sobre vós".

O mundo das creaturas dotadas de consciência e livre-arbítrio, tanto celestes como terrestres, não é um mundo de *robôs*, padronizados, mas de entidades em evolução, responsáveis por seus atos.

Não há nenhum museu celeste nem infernal.

A mais deslumbrante mentalidade celeste quis ser semelhante ao Altíssimo pelo poder da sua inteligência, e por isso foi lançada às regiões inferiores. Houve uma grande luta no céu, escreve João no Apocalipse, e o campeão das falanges fiéis a Deus derrotou Lúcifer e seus adeptos com o brado: "Quem-como-Deus?" (em hebraico: *Micha-el*).

Um terço das falanges celestes foi lançado às regiões inferiores da terra, onde continuam a sua luta, tentando revoltar os habitantes terrestres contra Deus. Entretanto, uma creatura dotada de livre-arbítrio não pode ser forçada por nenhuma outra, que apenas lhe pode dificultar a evolução ascensional. Segundo as leis cósmicas, essa oposição luciférica faz parte da evolução humana, porque sem resistência não há evolução.

Acima dessa antítese de dois poderes em luta, existe a Tese do Poder Único e Absoluto da Divindade. No mundo infra-hominal (natureza), as antíteses evolutivas são sintetizadas automaticamente pelo Poder Supremo, ao passo que, no mundo hominal, devem as antíteses sintetizar-se pela liberdade da própria creatura. Tanto a "luz do mundo" como o "poder das trevas" estão a serviço do Poder Supremo e Único da Divindade. O destino cósmico é indestrutível e infalível, ao passo que o destino humano depende da creatura livre, oscilando entre a felicidade e a infelicidade dela.

Lúcifer, o pólo negativo da evolução humana, deve agir naturalmente como fator de retaguarda — mas ele tem a tendência de usurpar o pólo positivo da vanguarda, desequilibrando assim a harmonia do microcosmo humano (pecado). Por isso, nos livros sacros, a ordem que o pólo positivo da vanguarda (Cristo) dá ao pólo negativo da retaguarda é invariavelmente: "Vai à retaguarda" (*vade retro).*

Concorda com isso a sabedoria milenar da Bhagavad Gita, como dissemos, quando afirma que o ego (negativo, retaguarda) é o pior inimigo do Eu (positivo, vanguarda), mas que o Eu é o melhor amigo do ego. E acrescenta: "O ego é um péssimo senhor da nossa vida, mas é um ótimo servidor".

Toda a harmonia cósmica se baseia no equilíbrio dinâmico entre dois pólos evolutivos, que regem todo o Universo: *O Uno* da Essência Absoluta, que rege o *Verso*, das Existências Relativas.

As leis cósmicas não conhecem nem *identidade* nem *contrariedade*; os pólos da antítese são sempre *complementares*, devendo ser sintetizados, seja pelo Poder Supremo, como no mundo infra-hominal, seja pelo livre-arbítrio, como deve ser no mundo das creaturas livres.

No mundo hominal do Universo, o *Verso* das antíteses complementares é reduzido à síntese do *Uno* pela consciência creadora do livre-arbítrio.

O grande tratado de paz, a harmonia entre a antítese dos pólos complementares da natureza humana, só pode ser obtido pela soberania do Eu sobre o ego, ou seja, pela voluntária integração do ego inferior no Eu superior do homem.

É essa a perfeição e felicidade do homem.

As serpentes e os querubins do espaço

Em todos os tempos da história humana houve intercâmbio entre as entidades supraterrestres, terrestres e infra-terrestres do Universo.

Por vezes, esse intercâmbio é meramente mental, e mesmo inconsciente; por vezes se torna material e consciente.

As antigas mitologias personificavam as entidades cósmicas, dando-lhes determinados nomes.

Ultimamente, sobretudo desde o início da Era Atômica e nuclear da nossa humanidade, esse intercâmbio se tornou muito mais intenso e concreto. Os chamados "discos voadores" representam uma face visível desse intercâmbio cósmico. As entidades que dirigem esses aparelhos são habitantes do espaço inter-sideral. Os seus corpos e seus veículos são de substância astral, ou energética, que se materializam ao penetrarem na atmosfera terrestre, e se desmaterializam ao deixá-la.

Essas entidades astrais são dotadas de consciência e livre-arbítrio como nós, podendo, por isso, ser emissários de luz ou de trevas, benéficos ou maléficos aos habitantes terrestres. O que os livros sacros dizem das hierarquias do bem e do mal pode ser aplicado a essas mentalidades do espaço.

Há quem chame esses seres *serpentes* e *querubins*, com alusão ao que o texto do Gênesis diz do guarda da árvore do conhecimento e da árvore da vida.

Qual a finalidade dessas entidades cósmicas, ao visitarem o planeta Terra?

Onde imperam consciência e livre-arbítrio não se pode falar em finalidade, no singular. O livre-arbítrio é essencialmente bilateral, e sempre imprevisível. Tanto os emissários da luz como os das trevas fazem parte dos visitantes espaciais. Alguns querem a nossa realização; outros, a nossa destruição.

A nossa Terra, como se vê, é um *kurukshetra* entre os *devas* e os *kurus*, como diria o Bhagavad Gita.

Os querubins astrais conhecem o perigo que o nosso Lúcifer mental creou para a sobrevivência da humanidade do planeta Terra. Se as nossas experiências atômicas e nucleares perderem o controle sobre a "reação em cadeia" que desencadeamos — adeus, humanidade!... Adeus, vida da Terra!...

O insistente apelo que Albert Schweitzer, nos últimos anos da sua vida, dirigiu a todos os governos do mundo, era um alerta inspirado pelos querubins benéficos do espaço. As nossas centrais nucleares e atômicas atraem os visitantes astrais, interessados em saber do estado da nossa fissão atômica, de que depende o futuro da humanidade e da Terra.

É bem possível que as *serpentes* do espaço promovam o nosso conhecimento intelectual a fim de interferirem no destino do homem adâmico, como a serpente do Éden tentou no princípio.

Não estamos sós...

Cada vez mais depende o destino da humanidade terrestre da interferência de entidades extraterrestres. A humanidade cósmica prevalece cada vez mais sobre a humanidade telúrica.

Ninguém sabe se a estratégia da *serpente* do espaço vai acabar em vitória ou derrota.

Para certas mentalidades espaciais é a nossa humanidade terrestre apenas um fauna primitiva, própria para experiências de laboratório; os visitantes levam daqui material e pessoas como cobaias de suas pesquisas. Para eles, se acha a nossa ciência e técnica num plano elementar. Que atraso o dos nossos aparelhos aéreos, que usam como combustível gasolina ou querosene — quando eles se servem das correntes magnéticas do espaço para movimentar seus veículos, com estupenda velocidade e em perfeito silêncio...

Que diria o divo Platão sobre a nossa Atlântida (terra)? Repetiria o que, há mais de 2.000 anos, escreveu sobre a mentalidade luciférica dos antigos atlantes? Será que o *nóos* humano não está em vias de suicídio coletivo, por não se integrar no *Lógos* cósmico? Será que o poder das trevas não impede a vitória das tempestades da luz?

No meu livro antigo *Luzes e Sombras da Alvorada*, escrevi um capítulo intitulado: "Eu e os Discos Voadores", em que focalizei a minha atitude em face desses estranhos fenômenos.

Se é verdade, como diz a filosofia oriental, que a nossa humanidade está atravessando a *kali-yuga* (era tenebrosa), não é de recear que o poder das trevas envolva a nossa humanidade terrestre?

Os livros sacros nos dão a esperança longínqua de que uma pequena elite sobreviverá no suicídio coletivo da humanidade-massa; e que essa elite será a semente para uma nova humanidade. O ferro vira ferrugem, mas a ferrugem não tornará a ser ferro. Entretanto, se sobrarem uns átomos de ferro, reagirão ao impacto magnético do ímã — e do cataclismo universal anunciado pelos videntes sobrará uma elite não corroída — e então haverá um novo céu e uma nova terra, e o Reino dos Céus será proclamado sobre a face da Terra.

Lúcifer — nosso inimigo necessário

Através de todas as páginas deste livro temos focalizado as estratégias de Lúcifer, suas vitórias e suas derrotas.

Muitos leitores devem ter estranhado que Deus tenha creado tão poderoso adversário da humanidade, e achariam melhor que não existisse.

Isto, porém, é um equívoco funesto.

Já no terceiro século da nossa Era, um dos maiores gênios, Orígenes de Alexandria, escreveu um livro sobre este tema intitulado *Apokatástasis.*

Sendo que o homem é uma creatura em incessante evolução (ou involução), é necessário que haja em sua vida uma resistência, uma luta, um adversário. Do contrário, a evolução do homem degeneraria numa estagnação passiva, contrária às leis cósmicas.

Os que consideram o céu como uma espécie de aposentadoria definitiva não poderão compreender essa evolução indefinida rumo ao Infinito.

Na realidade, porém, o céu, a vida eterna, é uma jornada em linha reta, uma sinfonia inacabada.

E, para que possível seja essa evolução indefinida, é necessário que haja pólos, positivo e negativo; que haja uma antítese, não contrária, mas complementar, onde os pólos complementares possam evolver rumo a uma grande síntese.

É este o jogo maravilhoso do poder creador do livre-arbítrio.

Se Lúcifer derrota o Cristo dentro do homem, é culpa do homem. Em Jesus ele não conseguiu derrotar o Cristo, porque esse Jesus já tinha plena consciência da vivência do Cristo interno.

Quando o homem chega ao máximo da sua cristificação, então haverá sempre a vitória do Cristo e sempre a derrota de Lúcifer — mas a luta continua indefinidamente, porque indefinidamente continua a evolução do homem.

A luta é inevitável porque faz parte das leis cósmicas; evitável é a derrota do Eu crístico pelo ego luciférico do homem.

Aliás, toda a razão de ser da existência humana é essa luta de vitória em vitória.

Já mencionamos a obra monumental de Orígenes de Alexandria, um livro sobre esse fenômeno evolutivo. Infelizmente, por ordem da hierarquia eclesiástica foi queimado este livro *"herético"*; dele temos apenas fragmentos baseados nos escritos de alguns dos discípulos do grande pensador. Orígenes considera esse intercâmbio Lúcifer-Lógos como a expressão das leis cósmicas que regem o Universo, também o microcosmo hominal. A "heresia" de Orígenes não consistia na *falsidade* de uma afirmação, mas sim na sua *inoportunidade.* Não se pode dizer a massas de evolução infantil o que se pode dizer a uma elite de evolução adulta — e Orígenes era mestre de catecúmenos e neófitos de Alexandria, isto é, dos candidatos pagãos ao cristianismo e dos cristãos recém-convertidos (*neo-fito* quer dizer em grego recém-plantado).

Toda vez que o Cristo no Evangelho se encontra com o Anticristo (Lúcifer), ele o manda *retro,* isto é, à retaguarda, como servidor, enquanto na vanguarda está ele, como senhor.

A nossa humanidade atual está numa das suas baixadas mais profundas de involução, ou luciferismo, em que culminaram os dois fatores involutivos luxúria-ganância. Apesar disso, o Apocalipse nos garante que, algum dia, "o reino dos céus será proclamado sobre a face da terra e haverá um novo céu e uma nova terra".

Os planos cósmicos da Divindade se cumprirão infalivelmente, mas a felicidade ou infelicidade do homem é obra dele, do uso ou abuso do seu livre-arbítrio. Nenhuma creatura pode frustrar os planos do Creador, mas a creatura livre pode realizar ou frustrar o seu destino individual. Lúcifer e Lógos estão a serviço dessa evolução, ou involução, desta realização existencial ou frustração existencial do homem.

É tendência constante do ego luciférico do homem colocar-se na vanguarda da vida para mandar — mas é dever do homem colocar Lúcifer na retaguarda, como servidor, e o Cristo na vanguarda como Senhor.

Um homem auto-realizado não é um homem estagnado e fossilizado numa quietação inerte e passiva; a tarefa do homem autêntico é um progredir ou evolver constante, rumo ao Infinito. Mas, sendo que, segundo a matemática, todo o finito em demanda do Infinito está sempre a uma distância infinita, a evolução do homem, por mais avançada que seja, não é uma chegada imóvel, mas uma jornada em pleno movimento.

Na Epístola aos Filipenses, Paulo de Tarso atribui esta evolução ascensional ao próprio Cristo, que, depois da sua encarnação e morte, se tornou um super-Cristo, ou, como diz Paulo, foi superexaltado. Infelizmente a Vulgata latina omitiu esse prefixo "super", "hiper", que está no texto grego de Paulo.

Essa evolução incessante do Cristo é possível, porque, segundo Paulo, ele é o "primogênito de todas as creaturas", e toda a creatura é evolvível. Segundo os livros sacros, o Cristo é Deus, mas não é a Divindade; ele é a mais perfeita individuação da Divindade Universal: "Eu e o Pai (Divindade) somos um, mas o Pai é maior do que Eu".

A felicidade do homem, a sua vida eterna, não consiste numa chegada, mas numa constante jornada em direção certa. Esta consciência da direção certa é que é a eterna felicidade do homem. Não existe nenhum céu *estático*, só existe um céu *dinâmico*. O céu não é um *estado de ser*, mas um *processo de devir*.

O Lúcifer do nosso ego é o inimigo necessário do homem em evolução; sem ele, não haveria evolução. Se o homem permitir ser derrotado por seu Lúcifer, a culpa é dele, e não de Deus.

Aliás, a natureza inteira está baseada neste princípio de bipolaridade, ou antítese complementar. Sem ele, não haveria átomos nem astros, não haveria eletricidade nem vida orgânica. A vida, em todos os setores do Universo, é um processo de sintetização de duas antíteses complementares. Na natureza não existe antítese contrária — que não poderia realizar a síntese —, todas as antíteses da natureza são complementares, onde um pólo completa outro pólo.

Na natureza infra-humana, essa complementaridade das antíteses é regida e dirigida por um fator cósmico infalível, ao passo que, no homem, essa harmonização das antíteses depende do fator humano do livre-arbítrio.

Um único homem auto-realizado é maior maravilha do que todas as grandezas do Universo alo-realizadas.

Sendo que, segundo a sabedoria milenar da Bhagavad Gita, o Eu (crístico) do homem é o maior amigo do seu ego (luciférico), é possível esse tratado de paz entre os dois pólos da natureza humana. Mas esse tratado de paz em pleno campo de batalha só é possível no caso que o homem conscientize intensamente o seu Eu central, ao ponto de permear e lucificar todos os setores do seu ego periférico.

Esta lucificação do seu ego opaco pelo seu Eu luminoso é a suprema tarefa do homem, aqui na Terra, e em todas as existências extraterrestres.

O nosso ego é, no princípio, comparável a uma tábua opaca, que pode ser iluminada unilateralmente pela luz, mas projeta sombras do lado oposto, porque não é permeável pela luz. Mas quando esse ego opaco se transformar num cristal transparente, então não projeta mais sombras, porque é totalmente diafanizado pela luz. E é até possível que a luz incolor, que entrou no cristal, saia dele em forma de luz multicor, polarizando magnificamente todos os objetos por ela iluminados.

A verdade da luz incolor pode aparecer na poesia da luz multicor — é este o poder mágico do livre-arbítrio, quando plenamente deenvolvido. "A verdade" — escreveu Mahatma Gandhi — é dura como o diamante, mas também é delicada como flor de pessegueiro".

É este o drama cósmico de Lúcifer-Lógos no campo de batalha humana — suposto que o homem realize plenamente o seu grande destino.

OS ANJOS GUARDIÃES
DA ESPERANÇA
Terry Lynn Taylor
Formato: 14 x 21
208 páginas
Editora Pensamento
São Paulo
1992
(Ver pág. 121)

Orientação Angélica Interior

TERRY LYNN TAYLOR

Comentários iniciais acerca dos anjos

Você e eu recebemos um dom especial que nos foi outorgado por termos nascido seres humanos. Nós temos a capacidade de fazer escolhas. Podemos escolher como enxergar o mundo da forma que quisermos, independentemente das circunstâncias em que nos encontramos. Este livro é sobre o uso desse dom especial para que dele possamos tirar o melhor partido, fazendo escolhas positivas que produzem resultados favoráveis. Fazer escolhas positivas nem sempre é fácil, em razão dos padrões e hábitos negativos que adotamos. *Anjos, guardiães da esperança* irá servir-lhe de orientação no contato com os anjos, que poderão ajudá-lo a fazer as escolhas que melhor contribuam para o seu crescimento pessoal e espiritual.

Uma fonte muito especial de orientação é o nosso anjo da guarda. Nosso anjo da guarda, assim como outros anjos, está pronto para nos ajudar a fazer escolhas positivas que nos tragam uma felicidade interior, que não depende de fatores externos. Nosso anjo da guarda nos ajudará a descobrir os dons especiais com que viemos ao mundo, tais como a intuição, a criatividade e a serenidade. Ao descobrir nossos dons especiais, os anjos nos ajudarão a encontrar um caminho pelo qual possamos nos expressar livremente. Desde que escrevi meu primeiro livro sobre anjos, *Anjos, mensageiros da luz*, tenho usado pessoalmente as "práticas angélicas", que você encontrará nos capítulos seguintes: esses exercícios ajudaram no florescimento da serenidade na minha vida.

Para estabelecer o tom de *Anjos, guardiães da esperança*, quero, antes de mais nada apresentar alguns comentários preliminares acerca dos anjos, que permitirão ao leitor mergulhar diretamente nas águas deste livro e saber em que direção a maré se move.

A união das energias angélica e humana

Nós, os devas, gostaríamos de dançar por toda a parte, na consciência de todos os seres humanos, a fim de despertá-los para aquilo que vocês são. Gostaríamos que soubessem que vocês são seres de luz e que não estão confinados à sua existência física. Simplesmente por imaginarem estar confinados é que vocês assim permanecem, mas quando ganham consciência de nós e se aproximam de nosso nível, tornam-se parte de um mundo maior que também é sua morada. Portanto, unam-se a nós com freqüência a fim de serem educados sobre si mesmo e façam isso no amor pelo Uno.

Mensagem dos Três Devas, recebida por Dorothy Maclean.

Conta-se uma história sobre o encontro do Buda com um iogue que se vangloriava de conseguir atravessar um rio a pé, caminhando por sobre as águas, o que siginificava que seus poderes espirituais eram superiores aos do Buda. O iogue provou ser capaz de caminhar sobre a água e afirmou que havia precisado, no mínimo, de vinte e cinco anos de rígido treinamento espiritual para dominar tal poder. O Buda coçou a cabeça e indagou por que ele se dera todo aquele incômodo, uma vez que por apenas cinco rupias o iogue poderia ter apanhado uma barca.

Quando ficam sabendo que escrevi um livro sobre os anjos, é comum as pessoas perguntarem: "*Você* é um anjo?" e "Você já chegou a ver um anjo?" Fico com a impressão de que elas gostariam que eu entrasse num estado de arrebatamento e proclamasse que um anjo me apareceu na mais brilhante luz imaginável, tão intensa que mal pude ficar em pé, e que me disse para escrever um livro a fim de que as pessoas pudessem ter essa mesma experiência. Então noto que elas ficam um pouco desapontadas por eu não ter nenhuma declaração sensacional a fazer, nenhuma explicação quanto ao modo como escondo as minhas asas. Para responder a essas perguntas com sinceridade, afirmo que, primeiro, sou um ser humano e me orgulho disso; segundo, não vi nenhum anjo em todo o seu esplendor celestial. Vi acontecerem coisas que só poderiam ser obras de um anjo, e conheci algumas pessoas que tenho quase a certeza de que eram anjos fazendo-se passar por humanos, mas essa percepção não se manifestou em mim antes que o encontro tivesse passado e eu normalmente não consegui encontrar essas pessoas de novo para perguntar-lhes se elas realmente eram anjos. Prefiro que os anjos deixem indícios sutis de sua existência que, quando descobertos por mim, fortaleçam o meu crescimento interior; isso é mais importante do que os acontecimentos externos ou uma visitação física.

A história sobre o Buda e o iogue que abre este capítulo demonstra como podemos nos deixar levar pelos assim chamados milagres, ignorando o que nos cabe fazer na vida diária. Afinal de contas, somos apenas humanos — o que em si e por si já é um milagre! Não é preciso que os anjos se apresentem num arrebatamento para transmitir-nos uma mensagem, e geralmente eles não o fazem. Ainda que o façam, isso não significa que nossos poderes espirituais sejam, no mínimo, maiores do que antes. Se nos pusermos à cata de sinais e fenômenos assombrosos como a única forma de conhecer os anjos (e de crescer espiritualmente), poderemos ficar completamente impermeáveis à mensagem deles. Obviamente, os anjos nos ajudam de maneira efetiva a co-criar milagres nas vidas dos homens. Todos temos diferentes experiências de vida, e o modo como os anjos trabalham conosco será específico para cada um de nós.

Enquanto seres culturais, aparentemente precisamos de força para sentir que estamos vivos. O tédio é o nosso medo maior. Queremos ser entretidos e viver em estado de estupefação; se não conseguimos isso, estamos prontos a nos dar ao trabalho de encontrá-lo. Essa necessidade de entretenimento afeta todas as áreas de nossa vida, desde os relacionamentos até a alimentação e o vestuário, estendendo-se também, com freqüência, ao nosso caminho espiritual. Quando determinada coisa é nova, ela é excitante e intensa, mas ao fim de certo tempo a excitação se desfaz porque nos tornamos habituados a ela. O infeliz efeito colateral desse vício de entretenimento é que quando as pessoas anseiam tanto por *sentir* às vezes se entregam a sentimentos de dor, sofrimento e ódio contra si mesmas.

A saída para essa armadilha é aprender a suportar os hiatos e os dias de impasse, os dias em que você só sente um "vazio", os dias em que o tédio se insinua em cada canto e você pensa que os anjos saíram de férias. Não existe, realmente, nada de mau num dia isento de sensações. Você pode facilmente reverter a situação de modo a transformá-la em um período de preparação interior e de cultivo para outras experiências mais ricas. Nos dias "vazios", lembre-se de que os anjos não estão em férias; na verdade, eles podem estar atarefadíssimos, brincando com a sua mente e o ajudando a reprogramar seus pensamentos para os tempos divertidos que se avizinham. Portanto, relaxe e aceite um ou dois dias, aqui e acolá, em que as coisas não são exatamente divertidas e excitantes.

Todos conhecemos os anjos ao nosso próprio modo; o melhor é não comparar e julgar essas experiências baseando-nos no quanto são sensacionais e intensas. Cada acontecimento tem a mesma importância que qualquer outro. Uma das razões por que não uso uma porção de histórias de anjos para comprovar a sua existência é que não quero que as pessoas fiquem com uma noção preconcebida acerca do que uma experiência angélica deva ser, ou pior, fiquem tristes por jamais terem tido uma experiência semelhante. Prefiro não relatar alguns de meus casos angélicos, por achar que eles se destinam ao meu estágio de aprendizado e perderiam muito ao serem traduzidos em palavras. Minha amiga Shannon observou certa vez: "O motivo por que é difícil falar com alguém sobre uma experiência com anjos é que você realmente 'tem de estar ali'. Tanta coisa acontece nos limites de uma espécie de suspensão do tempo: as cores podem parecer diferentes, os sentidos do indivíduo são exaltados e a situação normalmente contém uma profunda marca de humor, que talvez signifique algo somente para você". Eu adoraria transmitir um pouco da hilaridade que os anjos emprestaram à minha vida, mas simples palavras são incapazes de a exprimir. Portanto, esteja pronto no momento que você tiver uma experiência angélica; não posso lhe dizer como ou onde ela irá acontecer, mas assuma a situação com o humor divino e você será dominado pela alegria.

Minha abordagem da consciência angélica visa permitir uma expansão, minha e sua, e ser prática. Ao falar em praticidade, refiro-me à minha intenção de lhe sugerir técnicas verdadeiras que possam ser usadas para abrir seu coração aos anjos de determinada maneira e seguindo um ritmo adequado a você. Não estou aqui para modificar suas convicções. Fico satisfeita por todos contarmos com nossas linhas de pensamento individuais. Imagine o quanto seria enfadonho se todos acreditássemos nas mesmas coisas e todos aqueles com quem nos relacionamos concordassem conosco! Dito isto, convido você a expandir e a explorar mais profundamente o seu conhecimento pessoal sobre os anjos.

Prática 1: O estado angélico alfa

Para cumprir um trabalho espiritual interior, precisamos aprender a criar um clima em nossas mentes que nos permita ficar serenos e escutar nossa orientação interna. Nossa orientação interna envolve escutar nosso eu superior, nosso anjo da guarda e nossos guias espirituais com a inocência de uma criancinha. Também envolve elevar nosso nível, de modo a estarmos unidos ao nosso eu superior, nossos guardiães e guias. O presente exercício ajuda-o a exercitar sua sintonia com a energia luminosa, unindo-se aos anjos e conhecendo mais sobre si mesmo. Nossa sociedade não atribui grande valor à percepção e à escuta espirituais. Essa ausência de enfoque da dimensão espiritual está se modificando a cada dia, em todo os campos de atividade, mas temos ainda um longo caminho a percorrer. Falta-nos um equilíbrio entre ação e contemplação. Somos uma sociedade que procura a satisfação de fora para dentro e não de dentro para fora. Muita gente queixa-se de se sentir vazia, como se lhe estivesse faltando algo. Esse sentimento pode ser curado voltando-nos para dentro, ganhando consciência do que está faltando e identificando o que desejamos para preencher o vazio.

Considerando que o estado angélico alfa que você conhecerá aqui será útil para todas as práticas contidas neste livro, eu o coloquei como o primeiro exercício. O estado angélico alfa utiliza-se das ondas alfa produzidas naturalmente pelo nosso cérebro, e num determinado estado de consciência. São quatro as categorias de ondas cerebrais — alfa, beta, teta e delta. Essas quatro categorias indicam as diferentes freqüências, ou quantidades de ciclos por segundo, das ondas cerebrais. As ondas delta são as mais lentas de todas, de zero a quatro ciclos por segundo: elas são mais proeminentes quando você se encontra num sono tão profundo que nem mesmo está sonhando. As ondas cerebrais teta, de quatro a oito ciclos por segundo, estão relacionadas com o estado de torpor, a criatividade e os períodos de sonho. As ondas beta são as mais velozes, correndo de treze a vinte e seis ciclos por segundo; elas assinalam o estado normal de vigília. As ondas alfa têm metade da velocidade das ondas beta, aproximadamente de oito a treze ciclos por segundo, e estão relacionadas com um estado mental relaxado, porém alerta. Passamos pelo estado alfa imediatamente antes de adormecer e imediatamente antes de despertar. Há um predomínio de ondas cerebrais alfa quando meditamos. Elas são a chave para uma mente tranqüila e um sentido de equilíbrio — elas são nossas legítimas amigas.

Sempre que desejar atingir o estado angélico alfa, faça algumas inspirações profundas, relaxe o corpo e entre simplesmente em contato com o centro da sua paz mental. Sinta as ondas alfa percorrendo-lhe suavemente o cérebro. Se quiser, use a palavra *anjo* como um mantra. Diga à sua mente que deseja entrar em sintonia com o nível vibratório e o nível luminoso do reino angélico. Programe sua mente de antemão para cultivar a inocência e outras qualidades positivas. Quando usar o estado angélico alfa para outras práticas deste livro, leia o exercício por inteiro e em seguida programe essa prática na sua mente. Para programar, basta dizer à sua mente qual virtude ou prática você quer cultivar na sua meditação e, em seguida, deixe o caminho livre — isto é, não pense nem procure concentrar-se para dar andamento ao processo. Tais esforços constituem o pensamento e o que você almeja é transcender o estágio do pensamento e escutar os anjos. Sua meditação poderá conduzi-lo numa direção diferente daquela que você esperava, mas isso é ótimo. Com a prática, você poderá aguçar a sua capacidade de programar.

Ao praticar o estado angélico alfa, você irá descobrir o método mais eficaz para si. Não é preciso estar em nenhum nível espiritual específico, nem ser um praticante regular de meditação a fim de usar o estado angélico alfa; os anjos cuidam para que você consiga tornar mais lentas as suas ondas cerebrais e unir-se a eles para um momento de paz mental. Não existem regras preestabelecidas; basicamente, você precisa apenas relaxar, sem procurar forçar nenhum acontecimento sensacional. Aprenda a reservar pequenos intervalos entre as suas atividades para provocar a formação de ondas angélicas alfa quando tiver necessidade, sempre que as coisas parecerem estar fugindo do seu controle.

Lembre-se de que os anjos são mensageiros de Deus. Quando meditar em estado alfa, afirme e perceba que você está dando ouvidos ao reino de Deus, o poder supremo da sua vida. Seu poder supremo diz respeito exclusivamente a você, porém um bom teste de autenticidade ao escutar a Deus e aos anjos consiste em verificar que as mensagens nunca suscitam medo. As mensagens dos anjos utilizam sempre o ritmo correto e encorajam a felicidade.

Prática 2: Brincando com a luz angélica

A luz pode aumentar a sua vibração, ampliar a força dos seus pensamentos positivos e abrir o seu coração. Você pode se unir a ela, aproveitar a sua força e criar o bem ao seu redor.

Orin, segundo transmissão mediúnica de Sanaya Roman

Os anjos são seres de luz, possuindo todas as qualidades psicológicas da própria luz. Em seu livro *Spiritual Growth* [Crescimento espiritual], Sanaya Roman se refere à luz como uma poderosa força transformadora. A autora diz ainda que podemos atrair mais luz para a nossa vida quando nos pomos a pensar na luz. "A luz responde ao seu pensamento sobre ela; ao pensar nela, ela é imediatamente dirigida para você." O mesmo se dá com os anjos; eles respondem aos nossos pensamentos voltados para eles, e podemos chamá-los até nós pensando neles. Ao enviar luz para alguém, você está enviando anjos, e quando envolve a si mesmo em luz branca, você está se envolvendo com energia angélica. Visualizando a si mesmo banhado de luz (branca para a transformação e rosa para vibrações amorosas), você ilumina e eleva as vibrações ao seu redor.

Quando falo de luz neste livro, estou me referindo à luz da suprema força amorosa do universo — a luz do divino, de Deus, luz essa que é a verdadeira centelha da vida. A luz brilha em nossa alma. É a subsistência do nosso Eu superior, da nossa força vital. É a luz da revelação, a luz que irrompe sobre nós. É a verdade que nos permite "enxergar a luz". Expressões como "à luz de" e "lançar luz sobre" são usadas para ajudar a tornar algo mais claro ou mais lúcido. Quando enxergamos algo sob uma "nova luz" é que a nossa percepção da situação se modificou. Ouvimos a expressão "vivendo na luz" uma porção de vezes nos dias atuais, indicando uma vida em estado de consciência espiritual, em oposição ao viver nas trevas, que representa a negativa e problemática recusa do lado espiritual da nossa natureza. Temos pinturas que retratam anjos com um halo luminoso a envolvê-los. Os santos e as figuras sagradas de diversas religiões mostram-se igualmente envoltos em halos. É divertido começar a brincar com idéias ligadas à luz, explorando totalmente a idéia de luz, o modo como a palavra é empregada e seus vários significados. Outra conotação da palavra *light* [luz] é leve, descontraída, isenta de peso, não atrelada à terra por meio de idéias e pensamentos pesados.

Por que motivo mais pessoas têm medo da escuridão do que da luz? Alguns dos antônimos de luz, e que representam a escuridão, são negrume, obscuridade, frieza, depressão, tristeza, sombrio, sinistro, lúgubre e melancólico. Palavras que geralmente indicam algum tipo de mentira ou equívoco. A escuridão é algo de muito fácil para nos livrarmos dela; basta que nos voltemos para a luz. O segredo é que precisamos manter a luz acesa; precisamos trazer uma espécie de luz diurna para a nossa mente e nos mantermos despertos. Precisamos de uma prática diária para manter radiante e ensolarado o clima na nossa mente, concentrando nossos pensamentos na luz e no amor.

Quando você se sentir desanimado, tome um rápido "banho de luz". Sente-se tranqüilamente por um momento, feche os olhos e concentre-se na luz que brilha no interior da sua mente. Concentre-se na luz com os olhos fechados por um momento e não os abra até que haja luz solar em sua mente — seja lá o que isso signifique para você —, contanto que seja uma experiência positiva e iluminadora. Peça aos anjos para que se unam à luz que você está gerando. Peça aos anjos que protejam sua luz e lhe permitam usá-la de diferentes formas. Uma forma de usar sua luz é para a cura. Se sentir dor em alguma parte do corpo, use um raio da sua luz angélica e concentre seu foco sobre as células que circundam a área dolorida ou enferma. Imagine a luz tornando-se uma vigorosa força curativa que provém da luz dos anjos promotores da cura. Sinta a cintilante luz dourada penetrando suas células e permeando os tecidos; sinta a efervescência do fortalecimento interior. Use essa prática para enviar o raio a outras pessoas, que talvez estejam sofrendo. Visualize um raio laser de curativa luz branca, cintilando com flocos dourados de poeira divina, que você poderá direcionar para onde achar conveniente.

Lembre-se de usar a luz para fortalecer seus pensamentos positivos. Caso esteja se sentindo deprimido ou rejeitado, use essa luz angélica para se convencer de que é verdadeiramente amado nos céus e peça um sorriso aos treinadores angélicos da felicidade. Normalmente nos esquecemos de que a melhor ajuda amorosa que nos pode ser dada não está disponível na Terra (na forma de outras pessoas, jogos, diversões), mas que é abundante nos céus. Coisa que é fácil de se esquecer, pois como humanos acabamos por ficar envolvidos demais com outras pessoas e instituições, como nossos locais de trabalho. Quanto mais se utilizar de ajuda celeste, mais feliz você será e mais realizado se sentirá.

Os anjos estão sempre disponíveis para incentivá-lo a ser o melhor de si mesmo. Eles também serão muito indulgentes se deles você se esquecer. A chave aqui é pedir que sua luz amorosa brilhe *sobre* você, *através* de você e ao *redor* de você. Então, seja criativo: a luz é sua para brincar com ela e usá-la apenas para o seu bem supremo e o bem supremo de todos ao seu redor. Portanto, você não estará cometendo nenhum erro quando brincar com a luz angélica. Encaremos a luz e façamos uso dela em nossas vidas. A luz é a própria energia positiva e está disponível para ser solicitada.

Prática 3: A combinação dos seus sistemas de energia com os do seu anjo guardião

Temos um anjo da guarda que está sempre conosco. Muitas pessoas tomam consciência do seu anjo da guarda numa situação de perigo, quando sentem que foram conduzidas à salvação por forças exteriores a elas próprias. Não há o menor problema se você não reconheceu ainda as ocasiões da sua vida em que o seu anjo da guarda esteve ao seu lado; você pode dar início a essa percepção a partir de agora. Ao abrir sua mente, talvez você se flagre relembrando incidentes do passado, há muito esquecidos e que estão relacionados com o seu anjo da guarda. Essas lembranças nem sempre se referem a momentos de perigo. Na verdade, a maioria das experiências que temos com nossos anjos são maravilhosas experiências plenas de alegria, de amor e de felicidade. Talvez você se lembre de algum momento em que se sentiu bem sem motivo algum e sentiu vontade de gargalhar ou de cantar; ou um momento em que teve uma inspiração transformadora com respeito à vida, seguiu essa inspiração e tudo correu bem. Talvez, quando criança, você estivesse sozinho e com medo, e uma linda luz tenha aparecido, fazendo com que você se sentisse seguro e à vontade no planeta. Ao identificar experiências angélicas, não seja demasiado rígido consigo mesmo nem dê atenção excessiva aos milagres divinos em que os anjos aparecem e o carregam voando para longe do perigo. Seja apenas você mesmo e saberá como e quando o seu anjo da guarda o ajudou. Você começará a enxergar todas as experiências criativas e divertidas que você e seu anjo podem gerar agora que ambos se conhecem. Estou sugerindo, basicamente, que você se torne o melhor amigo do seu anjo da guarda! Faça de conta que você tem um melhor amigo invisível que presencia todas as suas experiências e com o qual você pode trocar impressões.

As idéias que fazemos do nosso anjo da guarda divergem muito. Às vezes o anjo da guarda é entendido como o Eu superior — parte integrante do mesmo sistema energético da própria alma ou espírito. Em outras ocasiões o anjo da guarda é imaginado como um ente à parte, que se posta atrás das pessoas em todas as circunstâncias. Outras chamam o anjo da guarda de seu guia espiritual. Escolha a explicação que melhor lhe assente; ainda que tenha dúvidas, procure manter uma mente aberta e pouco a pouco você passará a conhecer o seu anjo.

Quando necessito de uma força especial em determinadas situações, imagino meu sistema energético em total sintonia com o do meu anjo guardião. Ajo assim nos momentos em que desejo expandir minha consciência ou obter percepções valiosas. Sintonizar o seu sistema energético com o do seu anjo da guarda também é bom para lhe dar uma dose de energia curativa. Não existem regras para isso; basta usar os seus próprios sentimentos para com o seu anjo guardião e permitir que a coisa aconteça. Encontrar um lugar tranqüilo e ingressar num estado angélico alfa pode ser útil. Essa prática não exige necessariamente um esforço prolongado; talvez você só precise de um breve instante de equilíbrio. O segredo aqui é não julgar o que esteja acontecendo. A percepção ou a cura que você está solicitando pode aparecer mais tarde, quando menos esperar. Às vezes, tenho a sensação de que uma luz invade o meu corpo e vai-se expandindo até que todo ele se sinta como se estivesse se transformando em luz. Então, a impressão desaparece, deixando-me com uma sensação de frescor e de renovação, e uma compreensão maior quanto àquilo que estou fazendo. Repetindo, o reino angélico jamais gera medo, jamais fornece instruções negativas e sempre deixa você mais leve, de bem consigo mesmo — e muito mais feliz.

ANJOS CABALÍSTICOS
Monica Buonfiglio
Formato: 14 x 21
168 páginas
Berkana Editora
São Paulo
1993
(Ver pág. 123)

"Mensageiros"

MONICA BUONFIGLIO

Numa enquete interna que fizemos entre os colaboradores de nossa editora, o livro da professora Monica Buonfiglio, Anjos Cabalísticos, *ganhou o primeiro lugar.*

Pelo pioneirismo da autora e pela seriedade de seu trabalho junto ao grande público brasileiro, decidimos incluir neste O Poder dos Anjos *algumas páginas deste seu famoso livro, com o objetivo de que mais pessoas tomem conhecimento de sua mensagem espiritual.*

Origens

Infelizmente a história sobre os anjos é curta. Os gregos, que eram amantes da precisão, os chamavam de DAIMONES (gênio, anjo, ser sobrenatural). Os egípcios os explicaram amplamente e com detalhes, mas tudo foi perdido, queimado na época da ascensão do cristianismo primitivo do Ocidente. Hoje, o pouco que nos resta deriva dos estudos cabalísticos desenvolvidos pelos judeus, que foram os primeiros a acreditarem nesta energia. O mundo cabalístico é dividido em quatro hierarquias energéticas: emanação, criação, formação e ação.

Emanação é o centro de todas as energias. Criação é o tempo e o espaço. Formação é o mundo das espécies, das coisas concretas que têm forma definida. Ação é a força pela qual cada individualidade criada age e manifesta vida. Neste livro trataremos da formação, a terceira categoria, da qual o mundo angelical faz parte.

A palavra hebraica para anjo é Malakl, que significa "Mensageiro". As primeiras descrições sobre anjos aparecem no Antigo Testamento. A menção mais antiga a um anjo aparece em Ur, cidade do Oriente Médio, há mais de 4.000 a.C. Na arte cristã eles apareceram em 312 d.C., introduzidos pelo imperador romano Constantino, que, sendo pagão, converteu-se ao cristianismo quando viu uma cruz no céu, antes de uma batalha importante. Em 325 d.C., no Concílio de Nicéia, a crença nos anjos foi considerada dogma da Igreja. Em 343 d.C. foi determinado que reverenciá-los era idolatria e que os anjos hebreus eram demoníacos. Em 787 d.C., no Sétimo Sínodo Ecumênico, definiu-se dogma somente em relação aos arcanjos: Miguel, Uriel, Gabriel e Rafael.

São Tomás de Aquino foi um estudioso do assunto. Ele dizia que os anjos são seres cujos corpos e essências são formados de um tecido da chamada luz astral. Eles se comunicam com os homens através da egrégora, podendo assim assumir formas físicas.

A auréola que circunda a cabeça dos anjos é de origem oriental. Nimbo (do latim *nimbus*), é o nome dado ao disco ou aura parcial que emana da cabeça das divindades. No Egito, a aura da cabeça foi atribuída ao deus solar Rá e mais tarde na Grécia ao deus Apolo. Na iconografia cristã, o nimbo ou diadema é um reflexo da glória celeste e sua origem ou lar, o céu. As asas e halos aparecem no século I. As asas representam a rapidez com que os anjos se locomovem.

O povo judeu, quando em cativeiro no Egito, foi santificado pela perseguição. O que eles conheciam sobre os anjos sofreu influências dos egípcios, dos babilônios e dos persas, verificando-se coincidências para os cabalistas. Por exemplo, o que para os hebreus eram "Anjos", para os egípcios eram "Deuses" — a deusa Isis tem asas...

Encontramos no panteão muçulmano a citação sobre Azrael e Djibril e sua correspondência com Rafael e Gabriel.

Os caldeus e outros povos da Antiguidade acreditavam no gênio bom e mau. Os romanos acreditavam nas entidades chamadas "genius".

Na época em que viveu Jesus o racionalismo causou algumas diversificações quanto à idéia dos judeus sobre os anjos. Os saduceus negavam a existência dos anjos, os tanseus aceitavam.

Os escritos essênios, fraternidade da qual Jesus fazia parte, estão repletos de referências angelicais. No Novo Testamento, anjos apareceram nos momentos marcantes da vida de

Jesus: nascimento, pregações, martírio e "ressurreição". Depois da ascensão, Jesus foi colocado junto ao Anjo Metatron.

Alguns estudos aceitam a possibilidade de os três Reis Magos serem Anjos materializados. Melchior (Rei da Luz), Baltazar (Rei do Ouro, guardião do tesouro, do incenso e da paz profunda) e Gaspar (o etíope, que entregou a mirra contra a corrupção).

Maria ainda trazia Jesus no ventre quando foi levada por José para o Egito. Jesus admirava a ciência deste país e isso talvez, aliado ao trabalho de carpinteiro, justifique o cristianismo primitivo, repleto de signos e parábolas.

Conversando sobre anjos

Quando iniciamos o estudo de qualquer tema místico geralmente estamos cheios de temor, que desaparece gradualmente na mesma proporção em que se vai adquirindo conhecimento. Isso aconteceu comigo quando há doze anos me envolvi com o tema. Havia em torno do assunto uma mistura de medo e respeito. Os livros que comprei ou que me emprestavam eram "encapados", passados de mão em mão embaixo das mesas. A princípio eu achava aquilo muito estranho, mas à medida que fui entendendo percebi que a forma como se falava dos anjos era gostosa e descontraída. A partir daí tudo começou a fluir facilmente, de uma maneira fantástica. Albert Einstein dizia: "Concentre-se em conhecer (saber sobre tudo) e não em acreditar (fanatiza e escraviza)". Esta frase marcou profundamente meus estudos, me inspirando a aprofundar cada dia mais meus conhecimentos.

Seu anjo da guarda pessoal está junto de você desde o dia de seu nascimento até o dia do desencarne. É ele quem vai orientar seu próximo estágio de aprendizado no Eu Superior, junto aos grandes mestres ascencionados, para um possível retorno à Terra. Você escolheu seu karma antes de encarnar e vai ter que vivê-lo. Então viva intensamente cada momento de sua vida. Respire vida. É bom demais viver! Enfrente tudo de peito aberto, mas viva. Seja paciente, ouça as pessoas, compreenda e entenda que não há certo ou errado. Um amigo cabalista me dizia: "Sua verdade é representada quando você aponta o dedo indicador. O seu amigo, que está na sua frente, aponta o que ele considera verdade, também com o dedo indicador".

Os relatos de algumas pessoas que tiveram parada respiratória e "morreram" por alguns minutos são unânimes quando falam que viram alguém que emanava luz intensa e que, de forma carinhosa, as encaminhava para algum lugar. Essas pessoas estavam naquele momento recebendo a ajuda do anjo de guarda, que assume a forma mais conveniente de acordo com a crença de cada um. Por exemplo: para o espírita a forma poderá ser de um ente querido da família, que já desencarnou, para um umbandista, que tem a proteção do caboclo, a forma poderá ser de um índio.

Os problemas fazem parte da vida, do cotidiano de cada um; a beleza disso é você poder orientar alguém com uma palavra amiga e transformar seu karma e o daquela pessoa em dharma. Muitas pessoas procuram a força do mundo angelical desejando alcançar a graça no primeiro dia, esquecendo-se que antes deve tornar-se merecedor desta graça. Quando você pede ajuda a qualquer entidade para resolver um problema e não é atendido, não se revolte, mas sim pergunte: será que eu merecia essa graça? Tenha calma e pense. Deus é o grande pai e nunca nos abandona.

Muitas vezes fui procurada por pessoas desesperadas, me pedindo ajuda porque um "pai-de-santo" havia aprisionado seu anjo da guarda. Em primeiro lugar, isso seria impossível, porque os anjos são éteres e não têm consistência para serem sequer tocados. Depois, quem se deixa impressionar por tal ignorância não pensou, não raciocinou, igualando-se em ignorância àquele que tentou enganá-la. Cuidado! Pensar é estar com Deus. A harmonização dos anjos com as coisas terrenas só é conseguida quando você pensa, pois existe uma sintonia pelo elo mental. Por exemplo, quando uma música não lhe sai da cabeça está havendo essa harmonização. Pessoas desinformadas me contestam quando digo que os anjos vivem no astral. Se fosse verdade que eles vivem somente dentro das igrejas, teríamos um grande problema: índios, judeus, ateus, budistas, xintoístas não teriam anjo da guarda.

A infelicidade deixa o anjo da guarda sem ação. Quando eu falo sobre este tema, a primeira pergunta que surge é: "Ora, para que serve então meu anjo da guarda, se no momento em que eu mais preciso ele não está ao meu lado?" Para esclarecer vou dar um exemplo muito simples. Quando você vai a uma festa e fica ao lado de uma pessoa que resmunga o tempo todo ou fica contando desgraças, provavelmente a sua atitude será de afastar-se rapidamente. O mesmo acontece com seu anjo da guarda. O anjo não participa da infelicidade; em nada lhe ajudaria que ele ficasse chorando ao seu lado. O anjo fica então no astral, esperando e mandando insights, aguardando o instante em que você decida parar de sofrer e assim possa ocorrer a transformação. Lembra-se daquela ocasião que você precisou de um amigo, ligou e através de uma boa conversa tudo ficou esclarecido? Pode ter certeza que seu anjo da guarda pediu ajuda ao guardião do amigo a quem você recorreu. O mesmo acontece quando você tem vontade de ler um livro ou visitar um amigo. Vá. Aproveite e leve uma rosa. Quem sabe você estará servindo de intermediário para ajudar essa pessoa.

Quando nos tornamos otimistas, o trabalho de proteção do anjo fica muito mais fácil, pois nossa aura se expande e, através de nossa mente ou de nossos sonhos, ele consegue nos fazer intuir qual seria a direção certa. Quando rimos há o desdobramento de nossa aura. Diz a sabedoria popular: "Quem canta seus males espanta" ou "não deseje mal nem ao seu inimigo, porque volta em dobro; reze por ele". O pensamento negativo contra uma pessoa impregna sua aura com a da pessoa e vocês ficam atados por um elo kármico, mais resistente que o aço, que só pode ser interrompido com amor. Se este elo não se desfizer você poderá voltar, em outras encarnações, a ter um karma com aquela pessoa.

Para conversar com o anjo da guarda é necessário ser criativo. Não fique "mendigando". Converse como se estivesse falando com uma criança. Não pressione ou cobre resultados. Rezar é harmonizar com o fluxo de energia divina; através dos Salmos você pode chegar até o mundo angelical.

Quando fizer um pedido use sempre o tempo presente. Tenha cuidado com a palavra não. Nunca diga, "eu não quero ser gordo, eu não quero ser pobre, eu não quero ser velho". Este NÃO confunde e atrapalha seu pedido porque entra no inconsciente, que é poderosíssimo e é nele que anjos conversam com você durante o sono. Eles são éteres, portanto não têm memória e nunca julgam.

Os anjos estão presentes principalmente onde existem crianças até sete anos de idade. Crianças pequenas geralmente têm um amigo invisível para nós, mas para elas, que não têm pensamentos mesquinhos nem qualquer maldade no coração, o amigo é bastante visível — é o seu anjo da guarda.

Deus é inteligência, que é manifestada através dos seus pensamentos, que são exteriorizados quando você fala. Sua personalidade é o invólucro de sua alma. Falar, conversar ou pedir para seu anjo é o passo mais importante para colocar o que você deseja em ação e em movimento. Para qualquer pedido diga: *"Bendito é o meu desejo porque ele é realizado"*.

Deus dá a razão para o ser humano, por isso ele difere do animal. A superstição ou a feitiçaria estão em oposição ao mundo angelical e só estão presentes quando as pessoas não fazem uso da razão. Persistindo em crendices, os anjos sentirão que você não está em sintonia harmônica com eles.

Leitura Recomendada

A essência do conceito clipping *é informar e motivar. Neste último capítulo deste livro-clipping, apresentamos ao leitor comentários sobre os livros-matrizes, de onde os textos foram extraídos. Geralmente são prefácios ou introduções explicando a obra e sua finalidade.*

O conteúdo dos livros desta coleção é auto-suficiente, mas ao leitor que deseje conhecimentos mais completos, recomendamos a leitura dos livros-fonte — aliás, esta é uma das razões da "invenção" da coleção ***O Poder do Poder****.*

Todos os livros aqui recomendados encontram-se disponíveis em livrarias, ou nas respectivas editoras.

Oráculo dos Anjos

STELLARIUS — RECORD/NOVA ERA

Este livro, lançado na Argentina em 1994, copyright de Graciela Iriondo, tem despertado o interesse de milhares de pessoas.

No Brasil, publicado pela Nova Era/Record, continua sua brilhante trajetória. No prefácio, a autora fez estas declarações:

Há cerca de três anos, fui chamada pelos anjos de maneira muito sutil. Eles chegaram para mim aparecendo nos meus pensamentos, e assim induziram-me a focalizar minha atenção neles. Comecei a interessar-me a respeito dos anjos.

Quem eram esses seres alados de quem todos sabemos alguma coisa, sem realmente saber nada? Qual era a história deles? Qual a significação da existência deles? Qual a sua missão? Qual a mensagem deles?

Fui mobilizada internamente até o ponto de, no momento em que eu menos esperava, surgirem na minha mente perguntas que lá se estabeleciam, deixando um sinal de interrogação. Existe um reino angélico? Como ele é? Do que se trata? Para que serve? Como era este planeta nos seus primórdios, logo após ter sido criado? Qual o papel que os anjos desempenharam naquele momento? Quem somos nós realmente? Há alguma coisa que esquecemos e precisamos lembrar agora?

Comecei a lembrar histórias a respeito dos anjos que minha avó me contara quando eu era menina. Fiquei surpresa ao lembrá-las em perfeita ordem, revelando um sentido profundo que talvez não achara quando criança. Eram as histórias do começo dos tempos, em que os assim chamados "anjos caídos" desempenharam um papel importante no nosso planeta.

Naquele momento senti como que um chamado, um pedido, e era para que me ocupasse especialmente do tema: os anjos.

E foi isso que aconteceu!

Tudo ao meu redor começou a me falar sobre estes seres celestiais, gerando o som de um coro de anjos dentro e fora de mim.

(...)

O Oráculo dos Anjos ajudará o leitor a realizar as transformações interiores e exteriores necessárias, inspirado pelas falanges angélicas. Além de ser um sistema divinatório para consultas a respeito da nossa vida, este livro é também um manual de espiritualidade que abre os caminhos para uma comunicação direta com os "Mensageiros de Deus".

As instruções contidas nesta obra foram recebidas através da canalização espiritual. Portanto, para que o leitor alcance o significado das mensagens deverá praticar a meditação e a oração da maneira sugerida pela autora. Dessa forma se harmonizará e descobrirá que os anjos estão sempre ao nosso lado, nos enviando sinais para que despertemos para um novo tempo de amor, paz e saúde.

Assim como utiliza o I Ching, o Tarot, as Runas, entre outros, para refletir nos desígnios do destino, introduzido neste Oráculo Angélico o leitor terá uma nova opção para se firmar no caminho do autoconhecimento.

Acompanhado de um oráculo composto de 44 cartas coloridas para as consultas.

O Correio dos Anjos
Escreva suas experiências com anjos para :

El Correo de los Angeles
Casilla de Correo 10
1636 — Olivos —
Provincia de Buenos Aires
Argentina

Os Anjos

PEDRO BARRETO CELESTINO — QUADRANTE

Este pequeno-grande livro da literatura espiritual é obra que deve ser lida por todo leitor cristão. Feliz lançamento da Quadrante, Sociedade de Publicações Culturais (011-873-2270); o livro faz parte da coleção Temas Cristãos.

Seu autor é o conhecido padre Pedro Barreto Celestino, doutor em Ciências da Educação (1967) e em Direito Canônico (1970) pela Universidade de Navarra. Ordenado sacerdote em 1971, trabalhou até 1990 em São Paulo, como capelão universitário. Atualmente reside no Rio de Janeiro, onde desenvolve uma intensa atividade entre estudantes e profissionais.

Na página 7 da obra, com o título Patrimônio da Fé Católica, seu autor faz a seguinte declaração:

"Esta crença nos Anjos e na sua intervenção na vida humana é patrimônio da fé católica desde os inícios do cristianismo. Mais ainda, em todos os tempos e culturas, os homens sempre acreditaram na existência de seres superiores, invisíveis e benfazejos, colocados entre Deus e o homem.

Não deixou de haver, nos últimos cem anos, cientistas, pensadores e até teólogos que, imbuídos dos preconceitos materialistas ou racionalistas, puseram em dúvida a existência dos espíritos puros, em nome da ciência, da razão ou de qualquer outro pretexto. Semelhante atitude não chega propriamente a constituir uma novidade histórica: já Platão se refere aos sofistas, que se recusavam a aceitar a existência de qualquer coisa que não fossem "as rochas e os carvalhos", o mundo material que podemos ver e apalpar, e também nos tempos de Cristo havia os saduceus, que negavam a existência dos anjos.

Por outro lado, a humanidade no seu conjunto parece obedecer a uma espécie de "lei do bêbado": depois de uma queda para a direita, procura compensá-la inclinando-se para a esquerda, e acaba caindo nessa direção. Assim, às épocas de racionalismo exacerbado e míope, seguem-se outras em que proliferam as mais tresloucadas fantasias e crendices, e a doutrina sobre os anjos é das que mais facilmente se prestam a essas deformações. O nosso tempo inclui-se entre as segundas, a julgar pelo número de "caricaturas" deformadas desses seres não-humanos — sob a forma de duendes, gnomos, espíritos "desencarnados", deidades e extraterrestres — que se misturam inextricavelmente nas estantes das livrarias e lojas de bibelôs, bem como nas cabeças de alguns...

É que, sempre que o homem se desliga da lúcida clareza da verdadeira fé, por uma espécie de soberba cega que o faz pensar que dominará o mundo e a sua própria vida unicamente através das suas forças, da ciência, do "progresso", das ideologias, acaba depois por recair no irracionalismo e no falso misticismo. Troca a fé na Revelação divina pela *superstição*.

Mas a superstição não é um substituto para a fé. Não é por cumprir rituais auto-impostos diante de estatuetas colocadas sobre a mesinha de cabeceira ou no desvão da janela que o homem moderno deixa de sentir-se infeliz na sua segurança e desprotegido na solidão da sua independência. É somente uma fé ilustrada, apoiada nos dados firmes e precisos da doutrina cristã, que nos permite compreender realmente a natureza dos anjos e a missão que desempenham na Criação divina em geral e na nossa vida em particular; e é apenas assim que pode nascer em nós a consciência de não estarmos sós, de contarmos com o interesse e a ajuda permanentes de um Amigo que o próprio Deus colocou ao nosso lado."

O Teu Anjo da Guarda

MARIA VIEIRA — EDIÇÕES CAS

Este livro, que na verdade nem chega a ser um livro — é apenas um folheto — é um texto de grande interesse dos leitores católicos de Portugal e do Brasil.

Pouco sabemos sobre sua autora — Maria Vieira —, certamente pessoa ligada ao mundo católico português. A pequena obra foi impressa em Braga pelas Edições CAS, rua Fundação Gulbenkian, 104-2º andar, dentro da coleção Folhetos CAS.

Para completa informação de nosso leitor, damos a seguir relação dos outros títulos da coleção "Folhetos CAS":

Folhetos CAS

Nº 1 — O Sacramento do Baptismo.

Nº 2 — Novena da Imaculada Conceição (2ª ed.)

Nº 3 — O Aborto (2ª ed.)

Nº 4 — O Matrimônio, Vocação Cristã.

Nº 5 — Creio na vida eterna.

Nº 6 — O teu Anjo da Guarda.

No prelo:

— Pastoral e Unção dos Doentes.

— O Sacramento da Eucaristia.

— A palavra de Deus.

Edições CAS:

— Orações do Cristão (3ª ed.).

— O Sacramento da Penitência (esg.)

— Via Sacra.

— Evangelização.

— Ética Sexual.

Os Anjos — Espíritos Protetores

PENNY MCLEAN — PENSAMENTO

"Quando acabei de escrever *Contatos com o Anjo da Guarda* — o primeiro livro da série — eu não tinha a menor idéia do que as minhas reflexões e experiências iriam provocar. Logo após a sua publicação, recebi uma verdadeira enxurrada de cartas repletas de perguntas, pedidos de conselhos e, mesmo, relatando experiências pessoais. Neste novo livro, eu gostaria de fornecer mais informações não constantes do primeiro sobre contatos com seres invisíveis, respondendo, assim, a todas as perguntas que, afinal, são válidas para todos.

"Fiquei especialmente surpresa e feliz com o enorme interesse despertado pela minha comunicação com o mundo espiritual, invisível. Por esse motivo, consultei todas as minhas anotações e documentos sobre o assunto e comecei a trabalhar neste livro apoiada quase que exclusivamente na decisão de não revelar aqui meras experiências sobre contatos com anjos da guarda, pois acredito que o aprendizado a ser alcançado pela simples leitura de histórias pode ser substancialmente intensificado quando continuamos o nosso trabalho levando em conta os resultados já obtidos.

"Eu gostaria de deixar bem claro que conduzi o assunto no sentido de proporcionar uma ampliação da consciência e, não, de publicar algo simplesmente espetacular pois, qualquer que seja o tipo de experiência que se faça ou de energia espiritual que se constate, ela será de pouca ajuda se não soubermos como empregá-la ou transformá-la em nossos benefício."

Penny McLean é a autora de outros títulos, também publicados pela Editora Pensamento: *Contatos com o Anjo da Guarda* e *Nossos Guias Espirituais.*

Leia também: *Anjos — Mensageiros da Luz, de* Terry Lyonn Taylor, *e Meditando com os Anjos,* de Sônia Café e N. Innecco.

Pergunte ao seu Anjo

ALMA DANIEL — PENSAMENTO

Um Guia Prático para Lidar com os Mensageiros do Céu e Fortalecer e Enriquecer a sua Vida.

Os anjos têm estado entre nós em todas as épocas e culturas e em muitas tradições religiosas. Este livro descreve vividamente como eles estão entrando em contato com cada um de nós, de uma maneira totalmente nova, lançando uma ponte entre a nossa realidade física e a sua energia espiritual. Com base em textos históricos e em diversas experiências contemporâneas, os autores deste livro nos mostram como podemos utilizar os poderes dos anjos para retomar o contato com o nosso eu interior perdido e alcançar as nossas metas, sejam elas um relacionamento humano melhor, a cura de uma doença ou a libertação de um vício.

O processo descrito neste livro inclui cinco etapas, além de exercícios, meditações e visualizações, para ficar em sintonia com o campo de energia angelical, aprender a conversar com os seus anjos — mentalmente, por cartas, em sonhos ou mesmo pelo computador — e pedir-lhes orientação em questões importantes ou do seu dia-a-dia.

Desde Gabriel, Miguel, Rafael e Uriel até os anjos do nascimento e da morte, do Anjo da Terra até o anjo da guarda, que é o seu mestre pessoal, confortador e amigo íntimo, este livro irá colocá-lo em contato com o humor, a sabedoria e o companheirismo resultante do contato com os anjos, pois eles permitem o nosso acesso ao Divino que existe dentro de nós.

As Valkírias

PAULO COELHO — ROCCO

A revista Manchete *de julho de 1992, por ocasião do lançamento deste livro, ao entrevistar o seu autor, traz as seguintes palavras:*

"Ele não é um mago comum. Não remove montanhas, não atravessa paredes nem faz curas milagrosas, embora se diga capaz. Além disso, é casado pela quarta vez (com a artista plástica Cristina Oiticica), não dispensa o surrado *jeans* e faz questão da missa aos domingos, como qualquer católico comum. Ex-hippie, ex-parceiro musical de Raul Seixas e ex-jornalista, o carioca Paulo Coelho fez um único milagre, em 44 anos de vida: com apenas três livros, em pouco mais de seis anos, vendeu quase dois milhões de exemplares, apesar da ira dos críticos. Agora, ele acaba de escrever *As Valkírias,* contando, em 247 páginas, um encontro com seu anjo da guarda."

Em 1988, Paulo Coelho e sua mulher passaram quarenta dias no deserto do Mojave, em busca de uma das mais importantes experiências místicas do ser humano: a conversa com o Anjo da Guarda.

As armadilhas do deserto, o processo mágico da Canalização, os conflitos do casamento, a simplicidade da busca, o surpreendente encontro com mulheres que já tinham visto seus anjos — tudo isso faz de *As Valkírias* um livro indispensável para aqueles que estão procurando criar e participar de um novo mundo.

Na primeira "orelha" do livro, seu editor escreve esta mensagem:

"A canalização é um processo de comunicação espiritual que irá revolucionar por completo a humanidade neste final de século. Por causa de sua extrema simplicidade — basta sentar-se em um lugar calmo, relaxar um pouco, e começar a prestar atenção em pensamentos que começam a surgir do fundo da mente — a canalização não exige nenhum dom especial para ser praticada.

No entanto, através da canalização, o homem tem contato com a verdadeira Sabedoria Universal, aproxima-se de Deus, descobre os muitos universos que estão em sua alma, e traz de volta as forças espirituais de luz e de proteção. À medida que mais pessoas começam a usar o processo da canalização em suas vidas, a humanidade se aperfeiçoa, e o ser humano se aproxima de uma nova Idade de Ouro.

As Valkírias conta a história real de um homem e uma mulher que vão para o deserto e — sem utilizar qualquer recurso artificial ou sofisticado — decidem entrar em contato com o Anjo da Guarda. No estilo que o consagrou como o escritor mais lido desta geração, Paulo Coelho mostra neste livro, pela primeira vez, o homem que existe atrás do mago.

Estratégias de Lúcifer

HUBERTO ROHDEN — EDITORA MARTIN CLARET

"A luta é inevitável porque faz parte das Leis Cósmicas; evitável é a derrota do Eu crístico pelo ego luciférico do homem."

"As creaturas conscientes e livres têm a possibilidade de assumir atitude pró ou contra Deus."

"Se o homem permitir ser derrotado por seu Lúcifer, a culpa é dele, e não de Deus."

Estas concisas afirmações constituem o núcleo central e a essência deste novo livro de Rohden. A obra é uma complementação de outros trabalhos seus, notadamente, Lúcifer e Lógos *e* A Nova Humanidade.

Partindo de uma palavra — Lúcifer — complexa e de conteúdo dialético, Rohden convida o leitor a desfazer-se de preconceitos e a abandonar certas concepções teológicas, tragicamente ensinadas ao longo de nossa história. Desenvolvendo sua linha de pensamento universico sobre a bipolaridade da natureza humana e de todo o universo, ele nos conduz ao centro de nós mesmos, colocando-nos diante da verdadeira perspectiva para nossa própria auto-realização. E enfatiza: sem essa perspectiva cósmica, é impossível o ser humano estabelecer, em si, completa harmonia e felicidade.

Para Rohden, Lúcifer, o pólo negativo da evolução humana, deve agir naturalmente como fator de retaguarda — embora esse fator negativo tenha a tendência de usurpar o pólo positivo da vanguarda, desequilibrando, assim, a harmonia do microcosmo humano. Por isso, explica ele, nos livros sacros, a ordem que o pólo positivo da vanguarda (Cristo) dá ao pólo negativo da retaguarda (Satã) é invariavelmente: "Vai à retaguarda *(vade retro)*".

"Toda a harmonia cósmica se baseia no equilíbrio dinâmico entre dois pólos evolutivos que regem todo o Universo: O *Uno* da Essência Absoluta, que rege o *Verso*, das Existências Relativas.

As Leis Cósmicas não conhecem nem *identidade* nem *contrariedade*; os pólos da antítese são sempre *complementares*, devendo ser sintetizados, seja pelo Poder Supremo, como no mundo infra-hominal, seja pelo livre-arbítrio, como deve ser no mundo das creaturas livres."

Este livro conta o drama cósmico de Lúcifer-Lógos no campo de batalha da humanidade. Indica o caminho para o homem atualizar o seu equilíbrio meramente potencial, realizando assim a sua natureza integral. Proclama o plano cósmico da eugenia humana, ou auto-realização.

Orientação Angélica Interior

TERRY LYNN TAYLOR

Este é o segundo livro de Terry Lynn Taylor lançado no Brasil pela Editora Pensamento. O primeiro foi Anjos — Mensageiros de Luz.

A obra é apresentada por John Harricharan, autor de When You Can Walk on Water Take the Boat *e* Morning Has Been All Night Coming *de grande sucesso nos Estados Unidos da América do Norte. Eis suas palavras:*

Penso, geralmente, em minha amiga Terry Lynn Taylor numa aura de paz, alegria e mistério. Paz porque existe uma sensação de bem-estar quando você está com ela. Alegria, porque o próprio ser dela exala felicidade e mistério, porque nela existe uma dimensão espiritual. A primeira vez que a vi estava participando de um animado congresso literário. Seu editor nos apresentou, e no mesmo instante pensei comigo: "Eis aí um espírito irmão em peregrinação pelo universo".

Daquele encontro em diante, Terry e eu iniciamos um belo intercâmbio. Ainda que só tenhamos nos encontrado no mundo físico por períodos limitados de tempo, mantemo-nos em contato através de pensamentos, sonhos, ou do canal mais corriqueiro — o telefone.

Quando nos conhecemos, Terry presenteou-me com um exemplar autografado de seu primeiro livro sobre anjos, *Anjos, mensageiros da luz*. Sou um leitor voraz, e normalmente leio vinte livros até encontrar um único que tenha qualidade. Ao terminar de ler *Anjos, mensageiros da luz*, achei-o tão bom que o coloquei na minha biblioteca especial, ao lado de clássicos como *Ilusões*, de Richard Bach, e *O Caminho do Guerreiro Pacífico*, de Dan Millman.

O texto de Terry era tão simples e belo que me flagrei ansiando para que ela escrevesse um outro livro sobre anjos. E agora, eis aqui — seu novo livro: *Anjos, guardiães da esperança*. Os leitores vão apreciar o aspecto pragmático deste seu trabalho. Terry mistura conhecimento esotérico e informações históricas com a sua própria experiência de vida para oferecer-nos idéias extremamente práticas sobre o mundo dos anjos. À medida que você lê, por vezes se verá assumindo uma atitude filosófica. Haverá, então, trechos nos quais você vai querer sublinhar cada sentença de um capítulo. O resultado final é uma consciência mais ampla do infinito potencial da alma humana.

Para aqueles que acham a vida melancólica e triste, este livro, junto com o livro anterior de Terry, trará esperança e conforto. Você compreenderá que não está sozinho neste vasto universo, mas rodeado por seres de luz que querem ajudá-lo e estão ansiosos por fazê-lo. Você só precisa pedir e ficar receptivo à resposta.

Na 4ª capa do livro o editor brasileiro faz os seguintes comentários sobre seu conteúdo:

Os anjos são mestres em tudo que diz respeito à felicidade e querem o melhor para cada um de nós. Estão sempre dispostos a elevar o nosso espírito e a nos mostrar o lado alegre e divino de nossas experiências. As mensagens dos anjos são aplausos que buscam nos conscientizar de nossa importância como seres humanos. Eles querem que nos sintamos como os integrantes de uma única e vasta família humana.

Este livro oferece uma ampla seleção de práticas que podem proporcionar-lhe mais alegria, amor, esperança, divertimento e aventura na sua vida diária. Através da compreensão dos princípios da energia desses seres superiores, você poderá aprender a

- comunicar-se com os anjos através do pensamento e da confiança,
- reforçar o seu pensamento positivo,
- libertar a sua criança interior,
- trabalhar com os anjos como guardiães de seus passos mais importantes,
- aprender a perdoar a si mesmo e a se desapegar,
- tornar-se um Anjo guerreiro.
- e muito mais.

Você irá amar este livro pela sua praticidade e eficácia. Ao lê-lo e ao aplicar as informações nele contidas, você irá colher as recompensas de uma vida em harmonia com o reino angélico e terá muito o que compartilhar com os outros.

Anjos Cabalísticos

MONICA BUONFIGLIO — BERKANA EDITORA

Monica Buonfiglio, autora de Anjos Cabalísticos *(e de outras obras) é uma das maiores autoridades em angelologia no Brasil.*

Os seus cursos sobre anjos, Tarô e outros assuntos correlatos, e as suas consultas esotéricas pela TV Bandeirantes têm ajudado milhares e milhares de pessoas. Seu espírito humanista de servir o próximo e a sinceridade com que vem apresentando seu trabalho asseguram-lhe destaque entre professores, consultores e escritores no mundo esotérico.

Na apresentação do livro, a autora dá o seguinte depoimento:

Este livro foi escrito exotericamente[1], sem qualquer pretensão literária, para que todos possam compreender a mensagem angelical. Meu principal objetivo é levar a cada leitor um pouco do que aprendi sobre anjos em doze anos de estudos. Para escrevê-lo eu não contei apenas com a minha inspiração, usei muitos livros para pesquisa e vários anos de palestras em todo o Brasil me foram de grande utilidade, pois cada dúvida de um participante era motivo de incen-

[1] Ao contrário de esotericamente, é a forma de transmitir ensinamentos a todos, sem restrição.

tivo para aprofundar ainda mais meus conhecimentos. Quanto ao conteúdo dos livros pesquisados, houve necessidade algumas vezes de modificar a linguagem para facilitar a compreensão, mas sempre com o cuidado de não modificar a essência.

Quando me propus a fazer o trabalho como dirigente da Oficina Cultural Esotérica, insisti na verdade de amar a verdade, sem me preocupar com o "instrumento" que Deus e seus auxiliares me permitiriam usar para a comunicação. Comecei trabalhando com a potência dos orixás, embora seja condenada por muitos, que a consideram uma magia primitiva. Mas o que são os orixás? Nada mais que devas angelicais. Por isso nunca permiti que críticas infundadas me desviassem de meu caminho. Hoje, ministrando cursos em diferentes áreas do esoterismo, cheguei a uma conclusão simples e clara: todas as religiões e filosofias levam a Deus e o bonito de ser esotérico é ser universalista. Eu me encontrei neste trabalho, dedico minha vida a ele e estarei sempre caminhando para encontrar o meu graal interno. Sinto-me como Parsival, da corte do rei Arthur, em sua busca pelo Santo Graal. Arthur e seus cavaleiros, simbolicamente, são Jesus e seus apóstolos.

Não tenho a menor vontade em ser reveladora, nem quero que me imaginem pretendendo impor a alguém a minha verdade.

(...) Para poder também encontrar a sua verdade, você não pode ter preguiça, pois ela, juntamente com o esquecimento,é sua inimiga. Leia muitos livros, mas não se preocupe em procurá-los com urgência; de alguma maneira eles chegarão até você. É importante que continue a descobrir os segredos, usando sempre a intuição e o bom senso.

Não se preocupe tampouco em trabalhar com os anjos exatamente como está no livro. Você pode estudar sobre os deuses egípcios, nórdicos, célticos ou santos católicos, a cultura não importa, tudo leva a Deus quando o seu pensamento está com Ele. Você escolhe a forma de se comunicar com os anjos.

Peço a Deus que as pessoas menos esclarecidas — não de cultura, mas na arrogância de se autointitularem magos, muitas vezes sem ter lido sequer um livro —, os feiticeiros de magia ou os que pensam em ganhar dinheiro utilizando o livro dos anjos, que afastem a idéia de tê-los nas mãos, pois a força dos anjos, quando utilizada para outros fins atrai a potência do anjo contrário, acumula karma, deixando a pessoa viver em um inferno terrível, pois utilizou meios inferiores, abusando da boa fé das pessoas.

Recomendamos com entusiasmo este livro de Monica Buonfiglio.

Coleção O PODER DO PODER

O PODER DA AUTOCURA
O PODER DO PENSAMENTO
O PODER DA FÉ
O PODER DO MITO
O PODER DO ZEN
O PODER DO AUTO-CONHECIMENTO
O PODER DO SUCESSO
O PODER DO JEJUM
O PODER DO TAO
O PODER DO SILÊNCIO
O PODER DOS CHACRAS
O PODER DA COSMO-MEDITAÇÃO
O PODER DA LOGOTERAPIA
O PODER DO RISO
O PODER DA PNL
O PODER DA AUTO-IMAGEM
O PODER DAS FRUTAS
O PODER DA CROMOTERAPIA
O PODER DA ORAÇÃO
O PODER DA PALAVRA
O PODER DA AUTO-ESTIMA
O PODER DOS SÍMBOLOS
O PODER DOS TALISMÃS
O PODER DE ANDAR
O PODER DO DINHEIRO
O PODER DA ALHOTERAPIA
O PODER DA ACUPUNTURA
O PODER DO OTIMISMO
O PODER DAS PLANTAS MÁGICAS
O PODER DA YOGA-TERAPIA
O PODER DA NÃO VIOLÊNCIA
O PODER DA AUTO-SUGESTÃO
O PODER DA VISUALIZAÇÃO
O PODER DA AURA HUMANA
O PODER DAS PIRÂMIDES
O PODER DA SAÚDE HOLÍSTICA

**Este Livro-clipping
não tem um final.
A partir daqui
ele continua em você...
como um poderoso
fermento criador!**

Impressão e acabamento
CROMOSET
GRÁFICA E EDITORA LTDA.
Rua Uhland, 307 - Vila Ema
CEP: 03283-000-SP
Tel/Fax: (011) 271.0149 - 271.0324
271.8196 - 216.3325